계명교양총서 16

프로테스탄티즘의 윤리와 자본주의 정신

막스 베버 저 | 문성화 역

프로테스탄티즘의 윤리와 자본주의 정신

펴낸날 2017년 5월 17일 – 초판1쇄 발행
2019년 2월 14일 – 초판2쇄 발행

지은이 막스 베버
역 자 문성화

펴낸곳 계명대학교출판부
42601 대구광역시 달서구 달구벌대로 1095
전화 053) 580-6233 팩스 053) 580-6235
http://www.kmupress.com

등 록 1970.9.1.(신고번호 제347-1998-1호)

ISBN 978-89-7585-775-1 03320

값 11,000원

이 도서의 국립중앙도서관 출판예정도서목록(CIP)은 서지정보유통지원시스템 홈페이지(http://seoji.nl.go.kr)와 국가자료공동목록시스템(http://www.nl.go.kr/kolisnet)에서 이용하실 수 있습니다.(CIP제어번호: CIP2017010629)

계명교양총서 16

프로테스탄티즘의 윤리와 자본주의 정신

막스 베버 저 | 문성화 역

역자 서문

오늘날 세계의 경제를 이끌고 있는 체제는 자본주의다. 한 국가 안에서 또는 세계 전체에서 빈익빈 부익부 현상이 없어지는 것이 아니라 오히려 심화되거나 고착화되고 있는 것을 봤을 때, 과연 자본주의는 경제적인 측면에서 만병통치약일까? 분명 그건 아니다. 그렇다면 우리는 자본주의를 버리고 다른 경제체제를 도입하거나 만들어내야 하는가? 그것도 결코 쉬운 일이 아니다. 지금까지 세계 역사에서 여러 가지 경제체제가 있어왔지만, 자본주의처럼 긴 역사를 가진 체제는 없었다. 이 말은 자본주의가 그만큼 많은 사람의 지지를 받는 경제체제라는 뜻이다.

그런데 어찌하여 빈익빈 부익부 현상은 사라지지 않는가? 청년들의 실업률은 날이 갈수록 상승하고 있는 반면에 경제적으로 최상위 계층에 속하는 사람들은 오로지 자신들만의 욕망을 충족시키기 위해서 사치와 향락을 일삼는 경우도 허다하다. 그들은 모두 함께 잘살기를 원하는 게 아니라 오로지 자신들만 모든 것을 누리기를 원할 뿐이다. 그렇기에 보편적 복지는 여전히 요원한 실정이다.

막스 베버는 자본주의가 오늘날처럼 전개될 것임을 어쩌면 미리 알았는지도 모른다. 역자는 이 책을 번역하면서 그런 생각을 해보았다. 왜냐하면 베버는 이 글을 1904~5년에 썼는데, 그 당시에 이미 사치와 향락 그리고 황금만능주의를 비판하면서 올바른 자본주의가 발전하기를 바랐기 때문이다. 그러기 위해서 베버는 자본주의 정신이 지녀야 할 윤리에 대해서 프로테스탄티즘을 적용한 것이다. 말하자면 진정한 자본주의 정신이란 프로테스탄티즘의 윤리가 바탕이 될 때 비로소 빛을 발하게 된다는 의미이다.

베버가 프로테스탄티즘의 윤리 가운데에서도 가장 중요하게 생각하는 개념은 '금욕'이다. 이때 금욕이란 중세 수도사들이 행한 의미에서의 금욕 그 자체를 위한 금욕을 말하는 게 아니다. 그것은 무분별하고 무절제한 사치와 향락 그리고 남이야 어떻든 말든 상관없이 나만 풍요롭게 살면 된다는 생각에 경고의 메시지를 보낸 것이다.

모든 인간은 사회적 동물로서 타인 또는 다른 존재와 더불어 살아갈 수밖에 없다. 그렇기 때문에 나의 이익도 내가 형성하여 이룩한 것이라고 생각되는 재산도 다른 존재 또는 다른 사람들이 있었기 때문에 가능한 것이었다. 이들과 함께 살아가는 게 당연하다는 생각이 들기만 하면 프로테스탄티즘의 윤리가 말하는 금욕은 이미 시작된 것이나 다름이 없다. 함께 살아가기 위해서 지금 내가 할 수 있는 것이 무엇인지를 생각해보는 데에서 금욕은 시작되는 것이다.

넘쳐나는 실업자들과 저임금에 시달리는 비정규직 노동자들 그리고 하루하루의 생계를 걱정하는 일용직 근로자들이 보편적 복지라는 의미에서 그리고 금욕에 바탕을 둔 노동을 할 수 있도록 해주는 게 바로 참된 자본주의라고 베버는 주장한다. 한마디로 말해서 그들이 노동의 정당한 대가를 받을 때, 기업가들은 자신들이 생산한 물건을 더 많이, 더 잘 팔 수 있을 것이며, 이것이 바로 참된 자본주의라는 게 베버의 주장이다. 이런 의미에서 이 책은 베버 당시보다 오히려 오늘날의 자본주의 상황에서 반드시 읽어보아야 할 고전이다.

그렇다고 해서 이 책의 내용과 베버의 주장을 제대로 이해하기에는 한 번만의 독서로는 부족하다고 생각한다. 그만큼 내용이 어렵다. 어려운 만큼 배울 점도 정말 많다. 기독교라는 종교에 대한 사전 지식이 있으면 더욱 좋겠지만, 만일 그렇지 않다면 이 책을 읽음으로써 적어도 프로테스탄티즘의 윤리가 강조하는 금욕이 무엇인지는 그리고 올바른 자본주가 무엇인지는 알게 될 것이다.

바로 이 때문에 역자는 이 책을 번역하면서, 최대한 내용을 이해하기 쉽게 풀어보려고 노력하였다. 더구나 계명교양총서로서 대학생들이 주된 독자층일 것이기 때문에, 번역하면서 더욱 세심한 주의를 기울였다. 베버가 주석한 원주 (원주의 분량이 본문만큼이나 된다.) 또한 이 책에서는 모두 생략하였다. 교양서로서의 목적에 최대한 부합할 수 있는 책이 되도록 노력했지만, 부족한 부분도 많은 것이라고 생각한다. 하지만 교양서로서의 가치는 충분한 책이라고 생각한다.

본 번역서는 "Max Weber, *Die protestantische Ethik und der Geist des Kapitalismus,* AREA *Verlag ein Imprint der* TANDEM VERLAG GmbH 2005"를 대본으로 하여 번역하였다.

역자 문 성 화

차례

문제

I

1. 종파와 사회적 계층
2. 자본주의 '정신'
3. 루터의 소명 개념 · 탐구 과제

Ⅰ. 문제

1. 종파와 사회적 계층

종파가 혼합된 지방의 직업통계를 눈여겨보면 다음과 같은 현상이 꾸준히 나타나고 있다. 즉 자본의 소유자들과 기업가들은 프로테스탄티즘의 특징을 매우 뚜렷하게 보이고 있으며, 그뿐만 아니라 학식 있는 상위 노동자 계층과 소위 현대적 기업에서 기술적 또는 상업적으로 고도의 수련을 한 계층들도 프로테스탄티즘의 특징을 뚜렷이 나타내고 있다.

이는 마치 독일 동부 지방에 있는 독일인과 폴란드인들 사이처럼, 종파의 차이가 국민성의 차이와 부합하는 곳 그리고 문화발전 정도의 차이와 부합하는 곳에서 나타나고 있다. 그뿐만 아니라 어쨌든 자본주의적 발전이 자유롭게 이루어지고, 주민들이 자신들의 욕구에 따라서 사회적으로 계층이동을 할 수 있고 직업적인 재편을 할 수 있는 곳이라면 어디서나 나타나고 있다. 이러한 경우는 갈수록 더욱 분명해졌다. 우리는 그러한 현상을 종파통계 수치를 통해 뚜렷하게 알 수가 있다.

그런데 대규모 현대 산업과 무역에서 자본의 소유와 노동을 주도하고 있는 상위 계층들 가운데, 전체 인구비율에 비해 프로테스탄트의 비율이 상대적으로 매우 높은 까닭은 부분적으로는 먼 과거의 역사적 근거에까지 소급된다. 이러한 근거에서 보면 종파에 속하는 것이 경제적인 현상들의 원인으로서가 아니라 어느 정도까지는 경제적 현상들의 결과라고 보인다.

그러한 경제적 직무에 참여하는 것은 부분적으로는 자본의 소유를, 또 다른 부분으로는 경비가 많이 소요되는 교육을, 그리고 대개는 이 둘 모두를 전제하고 있다. 그러므로 이와 같은 참여는 유산으로 물려받아서 소유하고 있는 풍부한 부 또는 틀림없이 확실한 부를 가지고 있다는 사실과 결부되어 있다.

제국의 지역 중에서 경제적으로 가장 발전하고 자연과 교통 여건에 의해 가장 큰 혜택을 받은 대부분의 지역은, 특히 부유한 대다수 도시는 이미 16세기에 프로테스탄티즘으로 방향을 전환하였다. 이로부터의 영향은 경제적 생존경쟁에서 오늘날까지도 여전히 프로테스탄트들에게 좋은 방향으로 끼치고 있다.

그리하여 다음과 같은 역사적 물음이 생긴다. 경제적으로 가장 발전한 영역들이 종교개혁을 위해서 이렇게 특별히 강력하게 준비한 것은 어떤 이유에서였는가? 대답은 사람들이 생각할 수 있는 것처럼 그렇게 간단하지가 않다. 경제적 전통주의를 탈피했다는 것은 확실히 종교적 전통에 회의를 품고 전통적인 권위들에 대항하는 경향을 본질적이고 전적으로 뒷받침 하지 않으면 안 되었던 것으로 보인다.

하지만 이와 동시에 오늘날 종종 잊어버리고 있는 게 무엇인가 하는 점이 고려되어야 한다. 그것은 교회가 인간의 일반적인 삶을 지배하고 있는 것을 제거해주기는커녕, 오히려 다른 형태의 지배를 통해서 이전의 지배형태를 대체하는 데에 종교개혁이 의미를 두었다는 사실이다. 게다가 이렇게 대체된 지배형태는 당시까지의 가장 편안하고 실생활에서는 거의 느낄 수 없을 정도였던 형식적인 지배를 대체한 것으로서, 생각할 수 있는 가장 광범위한 정도에서, 가정생활과 공적 생활의 모든 영역 안으로 밀고 들어왔기 때문에 인간의 전체 삶의 태도가 무한히 엄격하고 중대한 규율로 대체되었다는 것을 의미하였다.

현대에 이르러 현대적이면서도 경제적으로 철저한 모습을 하고 있는 국민들도, 오늘날보다 훨씬 더 이전에 그랬던 것처럼, "이단자는 벌하지만 죄인들에게는 관대하라"는 가톨릭교회의 지배를 받아들이고 있으며, 마찬가지로 15세기에서 16세기로의 전환기에 지구상에서 경제적으로 가장 발전한 부유한 지역들도 그 지배를 받아들였다. 그리고 16세기에 제네바와 스코틀랜드에서, 16세기에서 17세기로의 전환기에 네덜란드의 대부분에서, 17세기에 뉴잉글랜드와 일시적으로 잉글랜드에서도 세력을 얻었던 칼뱅주의의 지배는 교회가 개개인을 통제한, 있을 수 있는 형태 가운데 가장 가혹한 형태였다고 할 수 있을 것이다.

이러한 통제는 당시 제네바와 네덜란드, 잉글랜드의 오래되고 광범위한 도시 귀족층들도 견디기 힘든 통제라고 느끼고 있었다. 경제적으로 가장 발전한 나라들에서 등장한 종교 개혁가들이 비난했던 것은 삶에 대한 교회의 종교적 지배가 너무 과한 것이 아니라 너무 적다는 것이었다. 그렇다면 당시에 바로 이렇게 경제적으로 가장 발전한 나라들과 당시 경제적으로 성장하고 있는 '부르주아'중산계급은, 어떻게 해서 자신들이 모르고 있었던 청교도의 폭정을 견디어 냈을 뿐만 아니라 그들을 지켜내면서 영웅주의를 발전시키기까지 했는가? 그리고 칼라일(Carlyle)이 '우리의 마지막 영웅주의'라고 말하고 있는 것처럼, 부르주아 계급은 그 이전에는 영웅주의를 조금밖에 몰랐고 나중에는 결코 몰랐던 것은 도대체 왜 그러한가?

그래서 요컨대 흔히 말하듯이, 근대 경제에서 자본의 소유와 주도적인 지위를 점함에 있어서 프로테스탄트들이 오늘날 부분적으로 더 강력하게 참여하고 있으며, 그들이 더 많은 재산을 축적한 결과가 평균적으로는 역사적으로 물려받은 것으로 이해될 수 있겠지만, 다른 한편으로는 원인과 결과의 관계가 분명하지 않다는 현상들도 나타나고 있다. 거기에 속하는 몇 가지만 인용하면 다음과 같다.

우선 바덴뿐만 아니라 바이에른에서도 그리고 헝가리에서도 아주 일반적으로 증명되는 차이인데, 가톨릭교도의 부모들이 프로테스탄트 부모들과는 달리 자기 아이들에게 일종의 더 수준 높은 수업을 받게 하는 차이가 있다. '더 높은 수준'의 교육기관에 다니는 학생들과 대학입시 자격시험을 준비하는 고등학생들 가운데 가톨릭교도의 비율이 총인구 대비 가톨릭교도의 비율에 대비해서 볼 때 현저히 낮다는 사실은, 앞에서 언급된 현저한 재산의 차이 때문이라고 생각할 수가 있다.

그러나 대학입시 자격시험을 준비하는 가톨릭교도 고등학생들 내부에도 근대적인, 특히 기술 학습과 상공업 계통의 직업을 구하기 위해 준비를 하는, 일반적으로는 서민적인 직업을 준비하는 학교, 즉 실업고등학교, 실업학교, 상급 고등초등학교 등을 마치는 비율이 프로테스탄트의 비율보다 현저히 낮다. 그런가 하면 그들은 인문계 고등학교에서 제공하는 교양교육을 좋아한다. 이것은 앞서 말한 이유로는 설명되지 않는 현상인데, 오히려 반대로 이것은 가톨릭교도가 영리사업에 관여하는 일이 적다는 것을 설명하는 데에 적용되어야 한다.

그런데 눈에 띄는 게 있는데, 그것은 근대의 대공업에 종사하고 있는 숙련된 노동자 계층에 참여하고 있는 가톨릭교도의 수가 어찌하여 얼마 되지 않는지를 이해하기 쉽게 도와주는 관찰의 결과이다. 공장이 자신들의 숙련 노동력을 수공업을 배운 후진들로부터 엄청나게 많이 조달하고 있다는 것은 이미 잘 알려진 현상이다. 그러므로 이 수공업에는 그 노동력이 제공하는 교양교육이 남아있으며, 이런 교육을 받은 다음에 수공업에 종사하도록 하였고, 이런 현상이 가톨릭교도 수공업 도제(徒弟)들보다는 프로테스탄트 도제들에게서 더 뚜렷하게 나타나고 있다는 사실도 잘 알려져 있다.

다시 말해서, 가톨릭교도 도제들은 수공업 도제들 중에서도 수공업에 머무르려고 하는 경향을 훨씬 더 강하게 보이고 있으므로 상대적으로 더 많이 수공업의 장인(匠人, Meister)이 된다. 반면에 프로테스탄트 도제들은 공장에 들어가서 숙련 노동자의 상층부와 공장을 경영하는 간부의 지위에 오르기 위한 조류에 더 강력하게 휩쓸린다. 이런 경우에는 인과관계가 있다는 것이 의심의 여지가 없는데, 그것은 배워서 익히게 된 정신적 특성, 특히 여기서는 고향과 부모님 가정의 종교적 분위기에 의해서 조건 지어진 경향이 직업선택과 광범위한 직업적 운명을 결정했다는 것이다.

그런데 독일에서 가톨릭교도들이 근대 영리생활에 비교적 적게 참여한 것은 옛날부터 그리고 오늘날의 경험과도 역행하는 것이기 때문에 그만큼 더 두드러진다. 그 경험이란 민족적 또는 종교적 소수자들이 영리생활을 통해서 경험한 것을 말한다. 즉 자신들은 '피지배자들'로서 자신들을 '지배하는'다른 집단과 대립해 있을 때 자발적으로든 비자발적으로든 정치적인 영향력에서 제외됨으로써, 특히 영리생활에 더욱 강력하게 바로 뛰어들게 된 경험을 말한다. 그래서 그들은 자신들이 가진 최고의 재능이 공직을 통해서는 인정받지 못하는 것을 영리생활에서 얻을 수 있는 명예심으로 만족시키려고 하는 것이다. 이렇게 보면 러시아와 동프로이센에서-폴란드인의 지배를 받고 있는 갈리시아에서는 반대로-경제적 진보를 이루어나가고 있는 폴란드 사람들이 이러한 관계에 있는 게 틀림없다는 사실은 의심할 바가 없다. 그 이전에는 프랑스에서 루이 14세의 통치 하에 있던 위그노파 사람들이, 그리고 영국의 비(非)국교도와 퀘이커 교도들이 이와 같은 관계에 있었으며, 2000년 동안 유대교도도 이러한 관계에 있다.

그러나 우리는 독일에서의 가톨릭교도들한테서는 그와 같은 영향을 전혀 보지 못하거나 눈에 띄는 것을 거의 찾아볼 수가 없다. 또한 과거에도 그들은 프로테스탄트들과는 대조적으로, 네덜란드와 영국에서 핍박을 받거나 관대한 처분을 받던 시대에도, 특별히 두드러진 경제적 발전을 이룩한 적이 없다. 오히려 실제 사실은 다음과 같다.

프로테스탄트들(특히 이들 가운데 나중에 다루게 될 종파의 사람들)은 지배층으로서나 피지배층으로서나, 다수자로서나 소수자로서나 경제적 합리주의에 대하여 특별한 애착을 보여 왔지만, 가톨릭교도들에게서는 이런저런 상황에서도 어떤 방식으로든 그와 같은 애착을 보이지 않았으며 지금도 여전히 그런 애착을 보이지 않고 있다. 그러므로 이렇게 상이한 태도의 원인은 그 주요 사실에 따라서 지속적인 내적 특성에서 찾아야지, 각 종파가 겪었던 그때마다의 역사적 · 정치적 상황에서만 찾아서는 결코 안 된다.

그러므로 그것은 우선 각 종파의 고유한 특성을 이루고 있는 여러 요소와 과거의 요소들이 그 이전에 설정되어 있던 방향에서 작용했는지, 그리고 부분적으로는 지금도 여전히 작용하고 있는지를 연구해보는 것에 좌우된다. 그런데 이것을 피상적으로 살펴보면 근대의 어떤 인상으로부터 이런 대립을 다음과 같이 형식화하려고 시도할 수가 있을 것이다. 즉 세속을 훨씬 더 벗어나 있는 가톨릭 신앙은 최고의 이상(Ideal)을 보여주는 금욕적 특성들을 띠고 있으며, 현세의 재물들에 대해서 매우 무관심한 태도를 보여주었음이 틀림없다는 것이다.

왜냐하면 이렇게 근거를 정립하는 것이 사실상 오늘날 가톨릭과 프로테스탄트라는 두 종파가 내리는 일상적이고 대중적인 판단의 도식과 상응하기 때문이다. 사람들은 프로테스탄트의 입장에서 이러한 견해를 이용할 경우에는 가톨릭이 지닌 생활태도의 (실제적인 또는 표면상의) 금욕적인 이상을 비판하는 데에 이용하며, 가톨릭의 입장에서는 '물질주의'(Materialismus)를 비난하는데, 프로테스탄트 때문에 모든 삶의 내용이 세속화된 결과를 가져온 게 물질주의라고 비난하는 것이다.

또한 근대의 어떤 작가는 영리생활에 대해서 이 두 종파의 태도가 보여주고 있는 대립을 다음과 같이 정식화해야 한다고 생각하기도 했다. "가톨릭은 온순하고 영리에 대한 충동이 약하며, 비록 소득이 더 적더라도 명예와 부를 가져다주는 위험과 자극이 많은 생활보다는 가능한 한 안정적인 삶의 과정을 좋아한다. 세간에는 좋은 음식을 먹든지 조용히 잠을 자든지 둘 중의 하나를 택하라는 조롱 섞인 말이 있다. 이 경우에, 프로테스탄트는 기꺼이 좋은 음식을 먹으려 할 것이고, 가톨릭은 조용히 잠을 자려고 할 것이다."

독일의 프로테스탄트들 가운데 교회에 냉담한 사람들에게 동기가 되는 것은 실제로 '좋은 음식을 먹고자 하는 것'일 테고, 현대에는 불완전하기는 하지만 적어도 부분적으로는 이것이 옳다고 분명하게 말해도 될 것이다. 그러나 과거에는 사정이 매우 달랐다. 잘 알려져 있는 것처럼, 영국, 네덜란드 그리고 미국의 청교도들에게는 '세속의 즐거움'과는 상반되는 특징이 있었으며, 더욱이 바로 이러한 것은 우리에게 가장 중요한 특징 가운데 하나이다.

그뿐만 아니라 예를 들면, 프랑스의 프로테스탄트는 칼뱅(Calvin)주의 교회 전반과 특히 신앙 투쟁시대에 '십자가 아래에서'도처에서 두드러지게 나타났던 특징을 매우 오랫동안 그리고 어느 정도는 오늘날까지도 계속 유지하고 있다. 그런데도 그것이-또는 우리가 나중에 반드시 살펴봐야 하겠지만, 아마도 바로 그 때문에?-프랑스 산업을 자본주의적으로 발전시킨 가장 중요한 역할을 한 것 가운데 하나였다는 사실은 이미 잘 알려져 있으며, 작게는 박해를 벗어나게 한 역할을 하였다.

만일 사람들이 생활 자세에서 보이고 있는 강력한 종교적 관심과 이와 같은 진지함을 '비현세적'이라고 평가하기를 원한다면, 그렇다면 프랑스 칼뱅주의자들은 적어도, 예를 들어 북부 독일의 가톨릭교도들과 마찬가지로 비현세적이었을 것이고 또한 여전히 비현세적일 것이다. 이들 북부 독일의 가톨릭교도들에게 가톨릭은 지상의 그 어떤 다른 국민들에게서도 찾아볼 수 없는 진정어린 것이었음에 틀림이 없다. 그리고 이들 양자는 당시에 지배적이던 종파와는 구별되는, 동일한 경향성을 띠고 있었다.

프랑스 가톨릭의 하층민들은 삶을 최고로 향락적으로 살고 상층민들은 직접 종교를 적대시했으며, 독일의 프로테스탄트들은 세속적인 영리생활에 몰두하고 상층민들은 종교적으로 매우 무관심하였다. 그렇지만 이렇게 비교하는 것은, 가톨릭의 (소위) '비현세성', 프로테스탄트의 (소위) 물질주의적 '향락'그리고 많은 유사한 것들이 아무것도 파악하지 못하는 것처럼, 막연한 상상으로는 분명하게 제시할 수 있는 것이 거의 없다는 것을 보여준다.

왜냐하면 이미 그것들은 그 보편성에서는 부분적으로 오늘날에도 여전히 딱 들어맞는 게 없으며 또한 다른 부분적으로는 적어도 과거에 딱 들어맞는 것이 전혀 없기 때문이다. 그렇지만 만일 사람들이 이와 같은 작업을 수행하고자 했다면, 그렇다면 이미 말한 것 이외에 주목할 만한 다른 많은 것들이 아무 거리낌 없이 떠올랐을 것임에 틀림없으며, 게다가 다음과 같은 사상도 틀림없이 첨가되었을 것이다. 즉 한편으로 비현세성, 금욕, 교회의 신앙은 자본주의적 영리생활과 완전히 대립한다고 말하는데, 이것이 다른 한편으로는 곧바로 내면적인 친화성으로 전도될 수 있다고 하는 사상이 그것이다.

그러면 이제 실제로 눈에 띄는 것은-전적으로 외적인 몇몇 계기를 가지고 시작하기 위하여-기독교 신앙의 가장 내적인 형식들을 대표하는 사람들이 무수히 많았는데, 이들은 상인층에서 나왔다는 사실이다. 특히 경건파(Pietismus)의 절대다수를 차지하는 가장 진지한 신자들은 바로 이 상인층에서 나왔다. 사람들은 상인이라는 직업에는 어울리지 않는 내적 본성에서 '배금주의'(Mammonismus)에 대한 일종의 반동을 생각할 수 있을 것이며, 성 프란시스코(Franz von Assisi)에게서처럼 많은 경건파 신도들에게서 '개종'의 과정은 개종자 자신들에게 종종 주관적으로 묘사되었다.

그리고 마찬가지로 유사한 경우로-세실 로더스(Cecil Rhodes)에 이르기까지-매우 주목을 끄는 현상, 즉 목사 가정에서 뛰어난 재능을 가진 자본주의적 기업가가 출현하는 현상을 금욕적인 청년교육에 대한 반동이라고 규정하고 설명해야 할 필요가 있는 것이라고 할 수 있겠다. 그럼에도 불구하고 사람들을 지배하는 가장 강렬한 형식을 띠고 있으면서, 더불어 유능한 자본주의적 사업 감각도 동일하게 갖추고 있는 개인들과 집단들이 모두 함께 만나는 곳에서는 이러한 설명방식이 배척된다.

이와 같은 경우는 개별화되어 있는 어떤 게 아니라 역사적으로 가장 중요한 프로테스탄트 교회와 종파들의 모든 집단에 꼭 같이 두드러지게 나타나는 특징들이다. 특히 칼뱅주의는 이러한 결합이 이루어진 곳에서 항상 나타나고 있다. 칼뱅주의는 종교개혁이 확장되던 시대에 어느 나라에서든지 간에 (프로테스탄트 종파들 가운데 어떤 것들과 마찬가지로) 개별적인 특정 계급과 결합하는 일은 거의 없었다.

그래서 예를 들면, 프랑스의 위그노 교회에서 유대교로 개종한 이방인들 가운데에는 수도사들과 산업가들(상인들, 수공업자들)이 엄청나게 불어났으며, 특히 이들이 박해를 받던 시대에 등장하였다는 것은 매우 특징적이었을 뿐만 아니라 어떤 의미에서는 '전형적인'것이었다. 이미 스페인 사람들은 '이단'(다시 말해서 네덜란드 사람들의 칼뱅주의)이 '상업정신을 촉진한다'는 것을 알고 있었으며, 이것은 페티(W. Petty)경이 네덜란드의 자본주의적 비약의 토대를 논할 때 밝혔던 관점에 완전히 일치한다.

고타인(Gothein)이 다른 종교영역 안에 산재하는 칼뱅주의 신도들을 '자본주의 경제의 종묘원(種苗園)'이라고 칭한 것은 당연했다. 프랑스와 네덜란드의 경제적 문화의 우월성, 즉 다른 종교영역 안에 산재하는 칼뱅주의 신도들은 바로 이 문화에서 압도적으로 출발했는데, 사람들은 여기서 당연히 이러한 우월성을 결정적인 것으로 생각할 수 있었을 것이다. 또는 전통적인 삶의 관계로부터 벗어나서 망명하고 탈출한 것이 엄청난 영향을 미친 것이라고 생각할 수도 있었을 것이다.

콜베르(Colbert)의 투쟁에서 알 수 있듯이, 프랑스에서조차도 17세기에는 사정이 완전히 그와 같았다. 오스트리아조차도-다른 나라들에 대해서는 침묵하겠다-프로테스탄트 제조업자들을 때로는 직접 수입하기도 하였다. 그러나 모든 프로테스탄트 종파가 이와 같은 경향에서 전적으로 강하게 작용한 것으로 보이지는 않는다.

칼뱅주의는 독일에서도 이렇게 활동한 것처럼 보이는데, 다른 지방과 마찬가지로 부퍼탈에서 '개혁파'종파가 자본주의 정신의 발전을 촉진하는 데에 다른 종파들에 비해서 더 뚜렷했던 것으로 보인다. 예로써 루터파가 전체적으로든 개별적으로든, 특히 부퍼탈에서 비교해보면, 그것을 얼마나 촉진했는지를 알 수가 있다. 스코틀랜드에서는 버클(Buckle)과 영국 시인들 중에서 키츠(Keats)가 이와 같은 관계를 강조하였다. 더 명백한 것은 이것 역시 오로지 기억만 하면 되겠지만, 종교가 삶을 통제함으로써 '세상에 은둔적인 것'이라는 말을 격언처럼 생각하고 있는 모든 종파, 특히 퀘이커교도와 메논교도들은 자신들의 부를 상업적 의미의 강력한 발전과 관련지었다.

퀘이커교도는 영국과 북아메리카에서 활동했던 반면에 네덜란드와 독일에서는 메논교도가 활동을 하였다. 동프로이센에서는 빌헬름 1세조차도, 병역의무를 끝까지 거부했음에도 불구하고, 메논교도를 산업의 불가피한 역군으로 인정했다. 이것은 물론 빌헬름 1세의 성격으로 봤을 때 이러한 것을 설명해주는 매우 잘 알려진 무수한 사실 가운데 가장 으뜸이라고 할 수가 있다.

마지막으로, 경건파 신도들도 매우 훌륭하게 발전된 사업 정신과 성과를 지녀서 영향력이 큰 경건성과 결합하는 일이 그와 마찬가지로 중요하게 생각했다는 것은 익히 잘 알려져 있다. 사람들은 라인 지방의 여러 관계와 칼프 지방에 대해서만 기억하면 충분하다. 그렇기 때문에 이렇게 완전히 임시로 상세하게 서술하고 있는 데에서는 더 이상 여러 예를 가지고 올 필요는 없을 것이다. 왜냐하면 이미 앞서 본 몇 가지 예가 '노동의 정신', '진보의 정신' 또는 그 밖에 이와 유사한 것들이 제시하는 모든 것을 보여주고 있기 때문이다.

사람들은 이와 같은 정신을 일깨우는 것을 프로테스탄티즘에서 찾는 경향이 있으며, 어쨌든 간에 그밖에 오늘날 종종 일어나곤 하는 것과 같은 '현세의 기쁨'으로 또는 계몽주의적 의미에서 이해해서는 안 된다. 루터, 칼뱅, 녹스(Knox), 푸트(Voët)의 옛 프로테스탄티즘은 사람들이 오늘날 '진보'라고 부르는 것과는 거의 아무런 관련이 없었다. 오늘날 가장 극단적인 종파에 속하는 사람들이 그것이 없이는 더 이상은 곤란하다고 하는 그러한 근대적 삶의 모든 측면에 대해 옛 프로테스탄티즘은 직접적으로 적대적이었다.

그러므로 만일 옛 프로테스탄티즘의 정신과 근대 자본주의적 문화 사이에 뚜렷한 특징을 나타내는 내적 친밀성이 발견되었다고 한다면, 우리는 어쨌든 간에 그러한 친밀성을 (소위) 다소간의 물질주의적인 또는 반(反)-금욕적인 '현세의 기쁨'에서가 아니라 오히려 옛 프로테스탄티즘의 순수 종교적인 특징에서 찾고자 하지 않으면 안 된다. 몽테스키외는 (『법의 정신』 제20권 7장에서) 영국 사람들에 대해서 "그들은 세 가지 중요한 사항들, 즉 경건성, 상업 그리고 자유를 세계의 모든 국민 중에서 가장 광범위하게 성취하였다."고 말했다. 영리활동 영역에서 그들이 보이고 있는 탁월성은-그리고 다른 연관성에 속하는 것인, 자유로운 정치적 제도들에 대한 그들의 재능은-아마도 몽테스키외가 인정한 바 있는 경건성에 대한 기록과 연관이 있는 게 아닐까?

만일 우리가 이렇게 물음을 던지면, 희미하게 느껴지기는 하겠지만, 가능한 다수의 관계가 곧바로 우리 눈앞에 떠오른다. 그런데 여기서 불분명하게 우리 머리에 떠오르는 것을 분명하게 정식화하는 것이 과제임이 틀림없을 것인데, 그러한 과제란 어쨌든 가능한 모든 역사적 현상에 내재해 있는 무한한 다양성에서 정식화해야만 되는 것이다. 이것을 할 수 있기 위해서는 우리가 지금까지 다루어왔넌, 애매한 보편적 표상의 영역을 속히 벗어나지 않으면 안 될 것이고, 위대한 종교적 사상의 세계에 고유한 특징과 차이점들을 밝히려고 시도해야만 된다. 이와 같은 위대한 종교적 사상의 세계는 기독교적 종교의 상이한 특징들에서 보면 역사적으로 주어져 있음을 알 수 있다.

그러나 그 이전에 몇 가지 주목할 것이 있다. 먼저, 역사적인 설명이 무엇보다 중요한 대상의 특성에 관한 것이고, 다음으로는 그와 같은 설명이 도대체 이러한 연구 범위 안에서 가능한가에 관한 것이다.

2. 자본주의 '정신'

이 연구의 표제에는 '자본주의 정신'이라는, 구하는 바가 많고 까다로운 어떤 개념이 있다. 이것을 어떻게 이해해야만 하는가? 그에 대한 '정의'같은 것을 시도할 경우, 연구 목적의 본질에 뿌리내리고 있는 어떤 어려움이 즉각 나타난다.

어쨌거나 그 명칭을 적용하는 데에 의미를 부여할 수 있는 어떤 대상이 찾아진다면, 그것은 오로지 '역사적인 개체', 즉 역사적 현실에 있는 복잡한 연관성인데, 이러한 현실을 우리는 문화의미의 관점에서, 개념적으로는 전체에다 관련짓고 있다.

하지만 그와 같은 역사적 개념은 그 개별적인 특성에 있어서 중요한 현상과 관계가 있기 때문에, '최근유(最近類genus proximum), 종차(種差differentia specifica)', 독일어로는 '경계 지어진'이라는 도식에 따라 정의될 수 없으며, 오히려 역사적 현실에서 도출될 수 있는 개별적인 구성요소로부터 조금씩 구성될 수가 있다.

따라서 최종적인 개념적 파악은 처음에는 있을 수 없고 연구의 결론 부분에 가서 정립되어야만 한다. 다시 말해서, 우리가 여기서 자본주의 '정신'으로 이해하고 있는 것을 어떻게 최선의 방법으로-즉, 우리가 여기서 관심을 두고 있는 관점에 적합하도록-정식화할 것이냐 하는 문제는 논의 과정에서 비로소 밝혀져야만 하며, 논의의 본질적 결과로 제시되어야만 한다는 말이다. 그런데 이와 같은 관점은 (이에 대해서는 계속 언급될 것이다.) 우리가 연구하는 역사적 현상들 가운데에서 분석될 수 있는 유일하게 가능한 어떤 것이 아니다. 이 연구를 수행함에 있어서 다른 관점들은 모든 역사적 현상에서와 같은 '본질적'특징과는 다른 특징을 제공하게 될지도 모른다. 이로부터는 바로 다음과 같은 결론이 나온다.

즉 우리가 파악하고 이해하는 데에 본질적인 것으로서 설명되어야만 하는 것이 바로 자본주의 '정신'인데, 사람들은 이것을 결코 철저하게 이해할 수는 없을 것이며 필연적인 것이라고 이해해서도 안 될 것이다. 이것은 바로 '역사적 개념형성'의 본질에 자리 잡고 있는데, 이렇게 개념을 형성하는 방법은 개념형성의 방법적 목적을 위해서 추상적인 유개념에다 현실을 끼워 넣는 것이 아니라, 항구적이고 불가피하며 특수한 개별적 색채를 띠고 있는 구체적이고 종적인 연관성 안에다 편입시키고자 노력하는 것이다.

그럼에도 불구하고 만일 분석하고 역사적으로 설명하는 일이 중요하다고 생각되는 어떤 대상을 확성해야만 한다면, 그렇다면 개념적으로 정의를 내리는 것이 중요한 게 아니라, 무엇보다도 적어도 자본주의 '정신'이라고 했을 때 생각나는 것을 잠정적으로 예증하는 일이 중요할 수밖에 없다. 그와 같은 예증은 실제로 연구의 대상을 이해하기 위한 목적으로 불가피하며, 우리는 이와 같은 목적을 위하여 그러한 '정신'의 실질적인 자료를 필요로 한다. 그러한 자료는 우선 여기서 그 정신을 좌우할 만큼 중요하고 거의 고전적인 순수성에 포함되어 있어서 장점을 제공해주기도 하며, 직접적인 모든 관계로부터 종교로 나아가면서 풀어나간다. 그러므로-우리의 주제에 대해서는-아무런 전제가 없다고 할 수가 있다.

"시간이 돈이라는 것을 기억하라. 노동을 해서 매일 10실링을 벌 수 있는 사람과 반나절을 산책한 사람 또는 자신의 방에서 빈둥거리기만 한 사람은, 비록 그가 자신의 만족을 위해서 6펜스만 지출했을지라도, 이것만으로 계산이 끝난 것은 아니다. 그는 여전히 5실링을 지불했거나 그 이상을 버린 것이라고 할 수가 있다.

신용이 돈이라는 것을 기억하라. 만일 누군가가 자신의 돈을 맡기고 나중에도 찾아가지 않는다면, 그는 나에게 이자를 선물했다고 할 수 있을 것이며, 아니면 내가 이 기간에 그만큼 그 돈으로 무언가를 할 수 있을 것이다. 만일 어떤 남자가 착하고 대단히 신뢰할 수 있으며 신용을 좋게 사용한다면, 그것은 넉넉한 돈을 벌게 할 것이다.

돈은 번식력과 생산력을 갖추고 있다는 것을 기억하라. 돈은 돈을 낳을 수 있고, 그렇게 태어난 돈은 계속해서 더 많은 것을 낳을 수 있다. 5실링이 변해서 6실링 되고, 다시 이것을 운용하면 7실링 3펜스가 되며, 계속하면 100파운드에 이르게 된다. 이런 게 많으면 많을수록 돈은 거래가 될 때 더 많은 것을 산출하며, 그래서 이익은 점점 더 빨리 증가한다. 어미 돼지 한 마리를 죽이는 사람은 그로부터 태어날 수천 세대의 돼지를 없애버리는 것이다. 5실링의 돈을 없애버리는 사람은 이것에 의해서 산출될 수 있는 모든 것, 즉 파운드 전체를 없애버리는 것이다.

속담에 따라서, 돈을 잘 갚는 사람이 모든 사람이 가진 돈주머니의 주인이라는 것을 기억하라. 약속한 기간에 정확하게 맞추어서 돈을 갚는다고 알려진 사람은 자기 친구들이 당장 쓰지 않는 모든 돈을 항상 빌릴 수가 있다.

이것은 때에 따라 매우 유용하다. 부지런함, 절제와 더불어 세상에서 청년으로 하여금 전진하게 하는 데에는 자신의 모든 업무에서 약속을 정확히 지키는 것과 정직 이외에 다른 무엇도 필요치 않다. 그렇기 때문에 빌린 돈은 네가 약속한 시각보다 한 시간도 지체하지 말고 갚아라. 그렇지 않으면 너의 친구는 화가 나서 너에게 돈주머니를 절대 열지 않을 것이다.

어떤 사람의 신용에 영향을 주는 것이라면 제아무리 하찮은 행동일지라도 주의하지 않으면 안 된다. 네가 새벽 5시나 저녁 8시에 두드리는 망치 소리를 너의 채권자가 듣는다면, 그는 만족하여 6개월을 기다려 줄 것이다. 그렇지만 그가 당구장에 있는 너를 보거나, 네가 일터에 있어야 함에도 불구하고 맥줏집에서 너의 목소리를 듣는다면, 그는 너에게 다음날 돈을 갚으라고 독촉할 것이며, 네가 준비도 하기 전에 자신의 돈을 갚으라고 요구할 것이다.

그 뿐만 아니라, 이것은 네가 너의 책무에 대해 기억하고 있다는 점을 보여주는 것이며, 네가 신중할 뿐만 아니라 진실한 사람임을 증명해주는 것이고, 너의 신용을 높여주게 된다.

네가 점유하고 있는 모든 것을 너의 소유물로 간주하고 그것에 의지해서 살아가는 것을 경계하라. 신용을 얻은 많은 사람이 이러한 착각에 빠져든다. 이것을 경계하기 위하여 너의 지출과 수입을 정확하게 계산하라. 만일 네가 소소한 것들에까지 주의를 기울이려고 노력한다면 다음과 같은 좋은 결과를 얻게 될 것이다. 즉 너는 놀라울 정도로 사소한 지출이 모여서 큰돈으로 증가한다는 것을 알게 될 것이고, 절약할 수 있었던 것은 무엇이며 미래에 절약할 수 있게 될 것은 무엇인지를 깨닫게 될 것이다.

네가 신중하고 정직한 남자라고 알려져 있다는 것을 가정하면, 너는 매년 6파운드를 가지고 100파운드를 이용할 수 있을 것이다. 매일 10페니히를 낭비하는 사람은 매년 6파운드를 낭비하는 것이고, 이것은 100파운드의 사용 값어치에 해당한다. 자기 시간을 매일 10페니히 가치만큼 낭비하는 사람은 (그것이 단지 몇 분에 불과할 수 있지만) 매년 100파운드를 사용할 수 있는 특권을 매일같이 잃어버리는 셈이다. 5실링의 가치에 해당하는 시간을 낭비하는 사람은 5실링을 잃어버리는 것이며 5실링을 바다에 던져버리는 것과 똑 같다. 5실링을 잃어버리는 사람은 그 돈만 잃어버리는 것이 아니라, 5실링을 이용해서 벌어들일 수 있는 모든 이익을 잃어버리는 것이다. 이렇게 잃어버린 돈은 청년이 노인이 되었을 때 매우 큰 액수로 늘어나 있을 돈과 같다."

이 문장들에서-이 문장들은 페르디난트 퀴른베르거(Ferdinand Kürnberger)가 재치 있고 악의적으로 집필한 자신의 『미국 문화의 형성물』에서 소위 양키들의 신앙고백이라고 조롱하였는데-우리에게 훈계를 하는 사람은 벤저민 프랭클린(Benjamin Franklin)이다. 그가 특정한 방식으로 말한 것이 바로 '자본주의 정신'이라는 점에 대해 아무도 의심하지 않을 것이다. 또한 그 안에 내포된 것을 사람들이 자본주의 '정신'으로 이해할 수 있는 모든 것은 아니라고 해도, 그것이 자본주의 정신에 대한 것이라고 해야만 될 것이다. '미국에 싫증이 난'퀴른베르거의 삶의 지혜가 다음과 같이 압축적으로 표현되고 있는 이 자리에서 우리는 좀 더 장황하게 무언가를 말하려고 한다. "소에게서 지방을 짜내고 사람에게서 돈을 짜내라."그러면 이와 같은 '구두쇠의 철학'에서 특징적인 것이 신용이 있고 존경할만한 가치를 지닌 사람의 이상(理想)으로 나타날 것이며, 무엇보다도 자기 목적으로서 전제된 자본의 증식에 대한 관심과는 반대로 개개인의 의무에 대한 사상(思想)이 주목을 끌게 될 것이다. 실제로 여기서는 단순한 처세술이 아니라 특징적인 '윤리'를 설교하고 있으며, 이 윤리를 거스르는 것은 어리석을 뿐만 아니라 일련의 의무를 잊어버리는 것으로 취급되는데, 이것이 그 무엇보다도 설교의 본질에 속한다. 바로 여기서 가르치고 있는 것은 '사업상의 지혜'만이 아니고 여기서 언급된 것은 하나의 풍습(Ethos)이며, 이 풍습의 질적인 측면에 우리는 관심을 가져야 한다.

야콥 푸거(Jakob Fugger)는 은퇴한 자신의 사업 동료에게서 충고를 들었는데, 그 충고는 자신이 이제는 충분히 돈을 벌었으니 다른 사람도 돈을 벌게 하라는 것이었다. 그러자 푸거는 충고가 '무기력한 것'이라고 비난했으며, "자신은 매우 다른 생각을 하고 있어서, 할 수 있는 동안 돈을 벌고 싶다."고 대답하였다.

이 말에서 드러나는 '정신'은 프랭클린의 정신과 명백히 다르다. 푸거가 거기서 말하고 있는 것은 상인이 가지고 있는 자만심 가득한 대담함과 윤리와는 무관한 개인적인 성향에 대한 것이며, 프랭클린의 정신은 삶의 태도에서 윤리적인 색채를 띤 격률의 성격을 갖고 있다. 여기서는 이와 같은 특별한 의미에서 '자본주의 정신'이라는 개념을 사용하게 될 것이다. 물론 이때의 자본주의는 근대 자본주의이다. 왜냐하면 여기서는 서유럽과 미국의 자본주의에 대해서 논할 것이고, 문제를 정립하는 것에 비추어 봐도 저절로 그렇게 이해될 것이기 때문이다. '자본주의'는 중국, 인도, 바빌론, 그리고 고대와 중세에도 있었다. 그러나 우리가 나중에 살펴보겠지만, 그때는 특유의 풍습이 결여되어 있었다.

그런데 프랭클린의 모든 도덕적 훈계는 공리적(功利的)으로 변하였다. 정직함은 신뢰를 가져오기 때문에 유용하며, 정확성, 근면, 절약도 마찬가지로 바로 그렇기 때문에 미덕이라고 한다. 이로부터 예를 들면, 겉으로 정직한 모습을 띠고 같은 봉사를 하는 곳에서는 이것으로 충분하므로, 이러한 미덕에서 불필요한 것을 만드는 일은 비생산적인 낭비이기 때문에, 프랭클린의 눈에서는 물리쳐야 할 것으로 보였을 것임에 틀림없을 것이라는 결과가 도출된다.

실제로 프랭클린의 자서전에서 이런 미덕으로 '전향'하는 것에 관한 이야기를 읽어본 사람, 또는 일반적으로 인정받고 싶어서 자기 수입을 일부러 물리치고 사양하는 겉모습을 엄격하게 유지함으로써 얻게 되는 유용함을 온전히 실행하는 사람은 필연적으로 다음과 같은 결론에 이르게 될 것임에 틀임이 없다. 즉 프랭클린에 따르면, 모든 미덕은 구체적이고 개별적으로 유용한 정도까지 그리고 단순한 겉모습을 띤 대용물은 같은 봉사를 행하는 곳 어디에서나 미덕으로 충분히 남을 수 있을 것이다.

이것은 사실상 엄격한 공리주의를 위하여 도출되는 결론은 아니다. 독일 사람들이 미국 정신의 미덕에 대해 '위선'이라고 느낀 것은 여기서 솔직한 지적으로 보인다. 그렇지만 이 사실이 결코 그렇게 정확하다고 할 수는 없다. 벤저민 프랭클린의 자서전에는 항상 성실성을 자주 강조하고 있는 성격만 나타나 있는 게 아니라, 그가 미덕의 '유용성'이라고 생각한 사실조차도 신의 계시로 소급하고 이를 통해 미덕을 규정하고자 한 상황이 나타나 있다. 여기에는 순전히 자기중심적인 원칙을 겉 포장하고 있는 것과는 다른 무엇이 나타나 있다.

이와 동시에 특히 이러한 '윤리'의 '최고선'(summum bonum)은 자연스러운 모든 즐거움을 가장 엄격하게 배척하고 점점 더 많은 돈을 버는 것이라고 함으로써 행복주의적인 또는 쾌락주의적인 모든 관점을 완전히 배척해버린다. 그래서 이와 같은 윤리는 순전히 자기 목적이라고 여겨지는데, 개인의 '행복'이나 '유용성'과 대립하여 완전히 초월적이고 단적으로 비합리적인 어떤 것으로 나타난다. 인간은 자기 삶의 목적으로서의 영리 추구와 관계를 맺고 있는 것이지, 영리 추구가 인간의 물질적 삶의 욕구를 만족시키는 목적을 위한 수단으로서 인간과 관계를 갖는 것은 아니다.

우리가 말하려고 하는 것처럼, 자연스러운 느낌을 위해서 '자연적인' 사태를 단적으로 아무런 의미 없이 전도(顚倒)시키는 것이 이제는 완전히 명백하며 자본주의를 이끄는 동기이다. 이러한 전도는 자본주의라는 공기를 접촉해보지 않는 사람에게는 낯설게 느껴질 것이다. 그러나 이 전도는 동시에 확실한 종교적 관념에 밀접한 감각을 포함하고 있다.

요컨대 만일 사람들이 도대체 왜 '인간으로부터 돈을 짜내야'하는지를 묻는다면, 벤저민 프랭클린은 비록 자신이 종파적으로 편견 없는 이신론자(理神論者)였지만 자서전에서 성서의 한 구절, 즉 그가 말하듯이 엄격한 칼뱅주의자였던 자신의 아버지가 청소년이었던 자신에게 항상 강조했던 구절에 근거해서 다음과 같이 대답하고 있다. "네가 만일 자신의 직업에 강인한 사람을 보았다면, 그는 왕 앞에 서야 할 것이다."

돈을 버는 것은-이것이 합법적으로 행해지는 한-근대 경제 질서 안에서는 유능함의 결과이고 표현이며, 이러한 유능함이 프랭클린에 있어서 도덕의 실제적인 알파이자 오메가라는 사실을 이제 어렵지 않게 알 수 있다. 그리고 이 유능함은 그의 모든 저술에서와 마찬가지로 여기서 인용한 곳에서도 예외 없이 우리에게는 대립해 있다.

사실 오늘날 우리에게 잘 알려져 있지만 실제로는 그다지 분명하지는 않은 직업 의무라는 사상이 있다. 개인이 지각해야만 되고 자신의 '직업'활동의 내용과는 상반되게 느끼는 의무에는, 이 의무는 어쨌거나 직업 활동에 존재하며, 특히 이 의무가 자신의 노동력을 순전히 돈으로 바꾸는 것으로 또는 전적으로 자기가 소유한 상품('자본'으로서)만을 돈으로 바꾸는 것으로 나타나야만 된다. 이와 같은 사상은 자본주의적 문화가 지니고 있는 '사회윤리'의 특징이 있으며, 어떤 의미에서는 사회윤리를 구성하는 중요한 것이기도 하다.

이 사상은 마치 자본주의의 토대에서만 성장할 수 있는 것처럼 보이지는 않는다. 오히려 우리는 뒤에 가서 이 사상을 과거로 되돌아가서 추적하게 될 것이다. 그리고 이러한 윤리적인 원칙들을 개별적인 구성원들, 즉 근대 자본주의를 추진하고 이것이 계속 존속하는 데에 조건이라고 할 어떤 기업가나 노동자들을 통해서 주관적으로 습득하도록 하는 것이 오늘날의 자본주의를 위해서 당연하다는 듯이 주장되어서도 안 된다.

오늘날의 자본주의 경제 질서는 하나의 거대한 우주라고 할 수 있는데, 이 우주 안에서 개별적인 우주가 탄생하며 개별 우주는 거대 우주를 위해서 최소한 개체로서 그리고 실제로 비(非)서구적인 껍질을 갖추고서 존재해야만 하는 것으로 주어져 있다. 이러한 우주는, 개별적인 우주가 시장의 연관성 속에 짜 맞추어져 있는 한, 자신의 경제적 행위 규범을 개별적 우주에 강요한다. 이와 같은 규범에 지속적으로 대립하는 제조업자는 틀림없이 경제적으로 배척될 것인데, 이는 마치 그 규범에 적응할 수도 없고 적응하려고 하지도 않는 노동자는 실업자가 되어 길거리로 쫓겨나게 되는 것과 같다.

그러므로 오늘날 경제생활에서 주도적인 지위에 도달한 자본주의는 자신이 필요로 하는 경제 주체들-기업가와 노동자-을 경제적 선택과 도태 과정에서 교육하고 만들어낸다. 사람들은 바로 여기서 역사적 현상들을 설명하는 수단으로서 '선택' 개념의 한계를 쉽게 포착할 수가 있게 된다. 자본주의의 특징에 적합한 생활방식과 직업관이 '선택'되기 위해서는, 즉 다른 생활방식과 직업관에 대해 승리를 거둘 수 있기 위해서는, 그러한 생활방식과 직업관이 먼저 성립되어 있어야만 했으며, 더욱이 이것은 고립된 개인에게 있어서가 아니라 인간 집단에 의해서 성립된 관찰방식으로서 성립되어 있어야만 했다. 그러므로 이와 같은 성립은 원래가 설명될 수 있는 것이다.

소박한 역사 물질주의(Geschichtsmateralismus)의 관념, 즉 그와 같은 방식의 '이념'이 경제적 상황들을 '반영'하는 것으로서 또는 '상부구조'로서 삶 속으로 들어온다고 하는 관념을 우리는 뒤에 가서 다루게 될 것이다. 여기서는 어쨌거나 벤저민 프랭클린의 고향(매사추세츠)에서는 '자본주의 정신'이 (우리가 여기서 수용하고 있는 의미에서) '자본주의 발달'에 앞서서 이미 있었음이 분명하다는 것을 언급하는 것만으로도 우리의 목적을 위해서는 충분하다. (뉴잉글랜드에서는-미국의 다른 지역과는 대조적으로-이윤추구에 계산이 밝다는 특수한 현상에 대해서 이미 1632년에 비난을 받아왔다.)

그리고 자본주의 정신이, 예를 들면 이웃 식민지들에서는-미국의 남부 주들에서-비교가 안 될 만큼 발전을 이루지 못한 상태였다. 그럼에도 불구하고 미국의 남부 주들은 거대 자본가들에 의해서 상업적인 목적으로 살아가게 되었으며, 뉴잉글랜드 식민지에서는 소시민들, 수공업자들 그리고 자작농과 결합하여 목사와 지식인들에 의해서 종교적인 토대에서 살아가게 되었는데도 그러했다.

그러므로 이런 경우에 인과관계는 어쨌든 '물질주의적'관점과는 반대로 요구되었을 것임이 틀림없다. 그러나 그와 같은 이념을 가진 청년들은 상부구조를 연구하는 이론가들보다 더 고난을 겪고 있는 게 틀림없으며 그 발전은 꽃이 개화하는 것처럼 그렇게 수행되지는 않는다. 우리가 지금까지 이 개념에 대해 정립한 의미에서, 자본주의 정신은 적대적인 세력들과의 힘겨운 투쟁에서 스스로를 관철해나가야만 했다.

앞서 인용한 벤저민 프랭클린의 설명에 나타나 있고 모든 국민의 동의를 얻었던 신념은 중세뿐만 아니라 고대였다면 가장 추한 탐욕, 단적으로 상스러운 신념을 표현하는 것이라고 배척당했을 것이다. 이것은 오늘날에도 여전히, 특히 근대 자본주의 경제에 제일 적게 관여하고 있는 또는 근대 자본주의 경제를 제일 잘 파악하지 못하고 있는 모든 사회집단에 의해서 규칙적으로 발생하고 있는 바와 같다.

사람들이 자본주의 경제를 잘 모르고 있었던 이유는 자본주의 이전 시대에서의 '영리 추구'가 여전히 잘 알려지지 않은 어떤 것 또는 발전하지 못한 어떤 것이었기 때문이 아니다. 그 당시에 또는 오늘날도 여전히 사람들이 종종 말하듯이, 근대 낭만주의자들의 환상이 상상하고 있는 바의 특별한 자본주의 영역 내부에서보다 시민 자본주의 외부에는 '황금을 향한 끔찍한 탐욕'(auri sacra fames)과 금전욕이 더 약했기 때문도 아니었다.

자본주의 '정신'과 자본주의 이전 '정신'의 차이가 바로 이런 점에 있는 것은 아니다. 중국 청나라 시대의 고관들, 고대 로마의 귀족들 그리고 근대 지주들의 탐욕은 비교할 수 없을 만큼 대단했다. 그리고 나폴리의 마부들이나 뱃사공들 또는 이와 비슷한 직업을 가진 아시아 사람들, 또한 마찬가지로 남부 유럽이나 아시아 여러 나라의 수공업자들에게서 볼 수 있었던 '황금을 향한 끔찍한 탐욕'은 영국인들의 그것과 비교를 해보면 대단히 심했으며, 특히 양심이 없을 정도였다는 것을 모두가 알 수 있다.

돈을 버는 데에 있어서 이기적인 관심을 관철할 정도로 절대적인 비양심이 어디에나 지배하고 있었는데-서양의 발전을 척도로 삼을 때-이러한 것이 시민적-자본주의 전개가 '뒤늦은'나라들에서는 완전히 특별한 특징을 이루었다. 모든 공장주가 알고 있듯이, 독일과는 대조적으로 이탈리아와 같은 나라들의 노동자들에게 결여된 '양심적인 대도'는 그들 나라에서 자본주의를 전개하는 데에 방해가 되는 주요한 것들 가운데 하나였으며, 어느 정도에서는 지금도 여전히 그러하다.

자본주의는 훈련받지 않는 '자유 의지'(liberum arbitrium)의 실제 대표자들을 노동자로 쓸 수가 없으며, 우리가 이미 프랭클린에게서 배운 것처럼, 단적으로 양심이 없는 상인들의 외적인 태도도 자본주의는 쓸 수가 없다. 그러므로 돈을 추구하는 어떤 '추진력'이 서로 다르기는 하지만 강력하게 발전하는 곳에서는 탐욕의 차이가 없다.

'황금을 향한 끔찍한 탐욕'은 우리가 알고 있는 인류의 역사만큼이나 오래되었다. 그러나 우리는 자기 자신을 충동적으로 무조건 내던지는 사람들이, "돈을 벌어들일 수만 있다면 배를 조금 불태울지라도 지옥으로 항해할 수 있다고 했던"네덜란드의 선장처럼, 특유의 근대 자본주의 '정신'을 대중의 현상으로서-이 점은 중요하다-야기했던 신념의 대표자는 결코 아니었다는 것을 알게 될 것이다.

그 어떤 규범과도 내면적으로 결합하지 않는 무분별한 영리활동은 모든 역사시대에 존재했는데, 다시 말해서 그것이 실제로 가능했던 어디에서나 항상 존재하였다. 전쟁과 해적활동처럼 규범을 따르지 않는 자유로운 상업 활동도 다른 부족이나 다른 집단과의 관계에서는 방해를 받지 않았다. 여기서는 '공동체 안에서'의 관계에서는 엄격하게 금지되었던 것이 '외부 도덕'(Außenmoral)으로서 용인되었다.

자본주의적 영리활동은 모든 경제조직에서 '모험'으로서 통용되었는데, 이것은 외면적으로 돈과 같은 종류의 재화처럼 알려졌고, 이것들을 돈으로 바꾸어주는 기회를 제공하였다. 이렇게 환금하는 것은 합자회사(Kommenda), 위탁 수금, 국가의 대부(貸付)를 통해서, 그리고 왕과 궁정(宮庭), 관리들에 의한 금융을 통해서 가능하였다.

그래서 도처에서 윤리의 한계를 비웃는 내면적인 모험심이 나타나기도 하였다. 의식적이고 무제한적이면서도 무분별하게 이윤을 추구하는 일이 가장 엄격한 전통과 결부하여 종종 매우 강력하게 나타나기도 하였다. 그뿐만 아니라 전통이 붕괴하고 자유로운 영리활동이 사회적 유대관계 내부로 다소간 유효하게 침투했지만, 이렇게 새로운 것을 윤리적으로 긍정하고 인정하는 일이 성공을 거두지는 못했다.

오히려 그것이 윤리적으로 어떠하더라도 상관없는 것으로 취급되든지, 아니면 불쾌하기는 하지만 불가피한 것으로 취급되던지 간에, 이 모든 것이 실제로 허용된 분위기였다. 이것은 모든 윤리적 가르침이 취해

온 통상적인 입장이었을 뿐만 아니라-본질적으로 더 중요한 것은-자본주의 이전 시대의 평균적인 사람들이 실제로 취했던 태도이기도 하였다.

여기서 '자본주의 이전'이라는 것의 의미는 합리적 경영에 따른 자본의 환금과 합리적인 자본주의 노동조직이 경제적 행위에 대해 방향을 제시할 만큼 아직은 지배적인 세력이 되지는 못했다는 뜻이다. 그렇지만 바로 이러한 태도는, 사람들이 정비된 시민 자본주의 경제의 전제들에 적응하려고 했을 때, 가장 강력한 내적 장애들 가운데 하나였다.

자본주의 '정신'이 '윤리'의 겉치레를 하고 등장한 특정한 규범과 결합한 생활양식이라는 의미에서 처음으로 싸움을 벌여야만 했던 상대는 사람들이 전통주의라고 칭할 수 있는 감각과 행동 방식이었다. 또한 여기서는 결정적인 '정의'를 내리려는 어떤 시도도 중지되어야만 하며, 오히려 우리는-물론 여기서도 마찬가지로 오로지 일시적이기도 하다-노동자와 함께 아래에서부터라고 하는 것이 의미하고 있는 바의 몇 가지 특수한 경우를 분명히 하면서 시작하도록 하겠다.

근대의 기업가가 '자신의'노동자들로부터 가능한 최대의 노동효과를 이끌어내기 위해서 그리고 노동 집약도를 향상하기 위해서 사용하곤 하던 기술적 수단 가운데 성과급이라는 게 있다. 예를 들어, 농업에서는 노동 집약도를 최대한 상승시켜서 곡물을 수확하기를 강제하는 경우가 있다. 그 까닭은 특히 날씨 변덕이 심할 경우 노동 집약도를 최대한으로 촉진하느냐 그렇지 않으냐에 따라서 수확이 더 많은지 손실이 더 큰지가 결정적으로 좌우되기 때문이다.

이에 따라서 보면 여기에는 성과급 제도가 철두철미하게 적용되곤 한다. 그리고 수익과 경영 집약도가 높아짐으로써 기업가는 일반적으로 수확을 가속하는 데에 점점 더 높은 관심을 보인다. 그래서 사람들은 성과급 비율을 높임으로써, 극히 단기간에 비정상적으로 높은 임금을 받을 기회를 제공받은 노동자들이 자신들의 노동성과를 상승시키는 데에 관심을 두도록 시도하는 일이 점점 더 자연스러워졌다.

그런데 여기에 특별한 어려움이 나타났다. 성과급 비율을 높이는 것이 눈에 띄게 종종 더 많은 것을 성취한 게 아니라, 동일한 단기간에 노동성과를 목표로 한 것보다 더 적은 성과를 얻는 데 그쳤기 때문이다. 왜냐하면 노동자들은 하루의 성과를 높이는 것으로가 아니라 낮추는 것을 통해서 성과급의 정도에 대해 책임졌기 때문이었다.

예를 들어, 모르겐[1] 당 곡물을 수확하면 1마르크를 버는 경우 지금까지 매일 2.5모르겐을 수확하여 하루에 2.5마르크를 돈을 번 남자가 있는데, 모르겐 당 성과급의 비율이 25페니히 높아진 것에 따라서 3마르크 75페니히를 벌기 위하여, 약 3모르겐의 수확을 더 바라지는 않았을 것이다. 이것은 어쩌면 가능했을 수도 있다.

그렇지만 그는 여전히 하루에 2모르겐만 수확을 한다. 왜냐하면 성서의 말을 빌리면 '그는 만족했고'지금까지와 마찬가지로 2.5마르크만 벌었기 때문이다. 높은 보수보다는 적은 노동이 그를 더 자극했다. 그는 만일 자신이 가능한 최대의 노동을 하면 하루에 얼마를 벌 수 있는가를 물었던 것이 아니라, 지금까지 자신이 벌었고 자신의 전통적인 욕구를 채워줄 금액 2.5마르크를 벌기 위하여 얼마나 일을 해야만 하는지를 문

1 옛 토지 면적의 단위. 두 필의 소가 오전 중에 경작할 수 있는 넓이. 약 8,000㎡.

제 삼았다.

이것은 바로 '전통주의'라고 부를 수 있는 태도의 한 예이다. 인간은 '태어나면서부터'더 많은 벌고자 원하는 것이 아니라 간소하게 살고자 원하는데, 즉 인간은 습관적으로 살아온 것처럼 그렇게 살기를 원하며, 그렇게 살아가는 데 필요한 만큼을 얻고자 한다. 근대 자본주의는 노동의 집약도를 높임으로써 '생산성'을 향상하는 작업을 시작한 곳 어디에서나 자본주의 이전 경제의 노동을 주도적으로 이끌었던 완강한 저항과 무수히 맞닥뜨렸다.

근대 자본주의는 오늘날에도 여전히 의존하고 있는 것으로 보이는 노동자 계급이 (자본주의 입장에서 보면) '시대에 뒤떨어진'상태에 있으면 있을수록 더욱더 그러한 저항과 맞닥뜨리고 있다. 그런데-다시 앞의 예로 되돌아가기 위해서-더 높은 임금 비율로써 '영리심'에 호소하는 일이 실패했기 때문에 반대의 수단으로 시도하는 것이 더 분명해 보였다. 그것은 임금 비율을 낮춤으로써 노동자를 강제하고, 지금까지와 같은 임금을 유지하려면 지금까지보다 더 많이 일해야 하도록 하는 것이다.

게다가 오늘날에도 여전히 더 낮은 임금과 높은 이윤이 상관관계에 있다는 사실이 자연스럽게 관찰되고 있으며, 모든 것은 임금을 더 많이 지급할수록 그에 상응하여 이윤은 더 줄어들 수밖에 없다는 사실을 의미한다. 그런데 자본주의는 처음부터 항상 되풀이해서 그 길을 걸었으며, 저임금이 '생산적'이라는 것, 즉 저임금이 노동능력을 상승시킨다는 교의(教義)로 간주한 게 수 백년이나 되었다. 이것에 대해 이미 피터 드 라 쿨(Pieter de la Cour)이-나중에 살펴보겠지만, 이점에 관해서는 옛 칼뱅주의 정신에서 전적으로 생각할 수 있다-국민은 오랫동안 가난하기 때문에만 오로지 노동을 할 뿐이라고 말한 바가 있다.

그렇지만 보증된 것으로 보이는 이 수단의 효과는 한계를 지니고 있다. 자본주의가 활짝 열리려면 노동시장에서 저임금을 줄 수 있는 인구 과잉이 필요하다는 건 분명하다. 그러나 '예비군'이 너무 많으면 노동력이 양적으로 보급되는 상황이 조성되기는 하겠지만, 질적인 발전, 특히 노동을 강도 높게 착취할 경영 형태로 이행하는 것은 방해를 받게 된다. 저임금과 값싼 노동이 같은 것은 결코 아니다. 그런데 순수하게 양적으로 보면, 생리적 욕구도 충족되지 않는 임금이 지급되는 모든 상황에서 노동력은 저하되며, 그와 같은 상황이 오랫동안 지속한다는 것은 '가장 쓸모없는 선택'이라는 사실을 의미할 뿐이다.

오늘날 평균적인 슐레지엔[2] 사람들은 아무리 열심히 노력해도, 더 많은 임금을 받고 더 나은 생계를 유지한 포메라니아 사람들과 메클렌부르크 사람들과 동일한 시간을 일해도 이들이 일한 면적의 $\frac{2}{3}$ 이상의 면적을 수확하지 못한다. 폴란드 사람들에게는, 독일 사람들과 비교해서, 자신들이 태어난 곳이 동쪽일수록 육체적인 노동량이 더 줄어든다. 또한 순전히 업무적으로는 더 낮은 임금이 자본주의 발전의 버팀목으로써 용인되지 않는다. 즉 질적으로 향상된 (숙련된) 어떤 종류의 노동, 값이 비싸고 파손되기 쉬운 기계들을 취급하는 것 또는 어쨌든 간에 예리한 주의력과 활동력이 뚜렷하게 요구되는 제품을 생산하는 것이 중요한 곳에서는 어디에서나 그런 것이 용인되지 않는다.

여기서 저임금은 이익을 발생시키는 것이 아니며, 결과적으로 의도와

2 Schlesien. 중부 유럽의 오더(Oder) 강 상류와 중류 지방

는 반대로 바뀌어버린다. 왜냐하면 한마디로 말해서 여기서는 높은 책임감이 필수적일 뿐만 아니라 어쨌든 다음과 같은 마음도 필수적이기 때문이다. 즉 적어도 노동을 하는 동안에는 어떻게 하면 일은 최소한으로 하면서도 편안함은 최대로 추구할 수가 있을지, 그러면서도 임금은 늘 받던 그대로일 수가 있을까 하고 항상 물을 것이기 때문이다. 그리고 노동은 느슨해지고 마치 절대적인 자기 목적, 즉 '천직'(Beruf)인 것처럼 생각하는 마음도 필수적이기 때문이다.

하지만 그와 같은 마음은 천부적으로 주어진 것이 결코 아니다. 그것은 또한 고임금에 의해서도 저임금에 의해서도 직접적 야기될 수 있는 것이 아니며, 오히려 오랫동안 지속한 교육과정의 산물이라고 할 수 있다. 오늘날 안장에 편히 앉아 있는 자본주의는 모든 공업국가에서 그리고 모든 공업지역에 있는 각각의 주 안에서 신입 노동자들을 모집하는데 비교적 쉽게 성공하고 있다. 과거에는 신입 노동자를 모집하는 일이 어떤 경우에도 지극히 어려운 문제였다.

그리고 오늘날의 자본주의조차도, 우리가 나중에 살펴보게 되겠지만, 자본주의가 생겨나던 시대에 자본주의를 돕던 힘 있는 조력자의 후원이 없이는 적어도 목표에 도달하지는 못했을 것이다. 무엇을 의미하는지 사람들은 다시금 하나의 예를 들어서 분명히 할 수가 있다. 시대에 뒤떨어진 전통주의적 노동의 형태가 보여주는 상은 오늘날 특히 여성 노동자들, 그중에서도 특히 미혼 여성 노동자들이다.

특히 이들 미혼 여성 노동자들에게는 전통적으로 습득했던 노동형식을 버리고 더욱 더 실제적인 다른 새로운 노동형태에 적응하기 위하여 학습하고 정신을 집중하는 능력과 의욕이 절대적으로 부족했으며, 한

마디로 말해서 이들은 지성을 사용하는 것을 단념하였다. 이러한 것은 소녀들, 특히 독일 소녀들을 고용하고 있는 고용주들의 거의 일반적인 한탄이다. 좀 더 쉽고, 무엇보다도 벌이가 더 되는 노동형태의 가능성에 대해서 설명해주어도 이 소녀들은 전혀 이해하지 않으려는 버릇이 있으며, 성과급을 올리는 것도 습관의 벽에 부딪혀서 아무런 효과를 발휘하지 못한다.

특별히 규칙적이고 종교적으로 교육을 받은, 말하자면 경건과 신앙의 교육을 받은 소녀들에게는 사정이 다르다—이것은 우리의 고찰에서 중요한 점이다. 사람들은 경제 교육의 좋은 기회가 이런 부류에게 월등하게 열려있다는 것을 들을 수가 있으며, 상황에 따른 회계상의 조사가 이러한 사실을 확인해주기도 한다. 사고(思考)에 집중하는 능력뿐만 아니라 '노동에 대해서 의무'를 느끼는 것을 절대적으로 중심에 두는 태도는 여기서 특히 투철한 경제성과 하나가 되어 있는 것으로 보이는데, 이러한 투철한 경제성이란 일반적으로 수입과 그 액수를 계산하고 노동의 능력을 엄청나게 향상해주는 냉정한 자기 통제와 절제를 말한다.

자본주의가 요구하는 것처럼, 노동을 자기 목적, '천직'으로 파악하는 토대가 여기에 가장 적합하며, 종교 교육의 결과로써 전통주의적 관습을 극복하게 하는 가장 큰 기회이다. 현재의 자본주의를 이렇게 고찰해 봄으로써, 자본주의적 적응능력과 종교적 계기들의 이와 같은 연관성이 자본주의가 왕성하던 시기에 어떤 형태를 띠고 있었는가를 한번 물어보는 것도 괜찮다는 사실을 우리는 알 수가 있다.

왜냐하면 그와 같은 연관성이 그 당시에는 유사한 방식으로 존재했다는 게 수많은 개별 현상에서 추론될 수 있기 때문이다. 예를 들어, 18세기 감리교 노동자들이 자신들의 동료들로부터 받았던 혐오와 박해는, 이미 그들의 수공작업 도구가 종종 되풀이해서 파괴된다는 보고에서 암시하는 바와 같이, 오로지 또는 현저하게 그들의 종교적 중심에서 벗어난 것과 관계가 있는 게 결코 아니었다. 이에 관련된 것이 영국에서는 많았으며, 더욱 눈에 많이 띄었다. 그런데 그것은 오늘날 사람들이 말하는 것처럼 그들의 특수한 '노동 의욕'과 관계가 있는 것이었다.

그렇지만 우리는 우선 다시 현재로 방향을 전환해서, 이제부터는 여기서 '전통주의'의 의미를 분명히 하기 위하여 기업가들을 고찰하려 한다.

좀바르트(Sombart)는 자본주의의 발생사를 논하면서 경제학의 역사를 움직여온 '필요 충족'과 '영리'를 두 가지 커다란 '주요 동기'로서 구별하였다. 이 두 가지는 사람들이 필요로 하는 욕구의 범위가 결정적인지, 아니면 필요의 한계에서 벗어나서 이윤을 획득하기 위해 노력하는 것이 결정적인지, 그리고 경제적 활동 방식과 방향을 위한 이윤 성취의 가능성이 결정적인지에 따라서 구별된다. 그가 '필요 충족 경제의 체계'라고 부르는 것은 언뜻 보기에 여기서 '경제학적 전통주의'라고 바꿔 쓴 것처럼 보인다. 그렇다면 그것은 사실상 사람들이 '필요'라는 개념을 '전통적 필요'와 동일시하는 경우를 의미한다. 하지만 만일 그게 아니라면, 좀바르트가 다른 저서에서 정의를 내린 바 있는 '자본'의 의미에서 '자본주의적인'조직 형태에 따라서 고찰될 수 있는 대중 경제는 '영리-경제'로부터 떨어져 나와서 '필요 충족의 경제'에 속하게 된다.

요컨대 사(私)기업가들에 의해서 자본(= 돈 또는 화폐가치를 지닌 물건)을 움직이는 형식으로 생산수단을 사고 생산물을 판매함으로써, 따라서 명백히 '자본주의 기업'으로 경영되는 경제 또한 그럼에도 불구하고 '전통주의적'성격을 띨 수가 있다. 이러한 것은 근대 경제사에서도 예외적일 뿐만 아니라-'자본주의 정신'이 항상 새롭고 더 강력하게 침입함으로써 늘 되풀이해서 중단됨과 더불어-일상적인 경우가 되어 버렸다.

경제의 '자본주의적'형태와 이것을 이끄는 정신이 보통은 '적합한'관계에 있기는 하지만, 그러나 서로 '법칙적인'의존관계에 있는 것은 아니다. 그럼에도 불구하고 만일 우리가, 벤저민 프랭클린의 예에서 분명히 본 것과 같은 방식으로, 천직으로써 체계적이고 합리적이며 적법한 이윤을 획득하려는 마음에 대해 여기서 잠정적으로 '(근대) 자본주의 정신'이라는 표현을 사용한다면, 이것은 역사적인 근거를 가지고 있다. 왜냐하면 그와 같은 마음은 근대 자본주의적 기업에서 가장 적합한 형태를 찾을 수 있고, 다른 한편으로 자본주의적 기업은 이런 형태에서 가장 적합한 정신적 추진력을 발견했기 때문이다.

그러나 이러한 마음과 자본주의적 기업이라는 양자는 서로 맞지 않아서 각각 따로 떨어질 수가 있다. 벤저민 프랭클린은 자신의 인쇄공장 경영이 형태상으로 어떤 수공업 공장 경영과 다를 것이 아무것도 없던 시절에 '자본주의 정신'으로 충만해 있었다. 그리고 우리가 살펴볼 것은, 어쨌건 근대 초기에는 상업 귀족이 자본주의적 기업가였던 것은 결코 아니며, 계층 상승을 하려고 백방으로 노력하던 산업상의 중류계층이 그와 같은 마음, 즉 우리가 여기서 '자본주의 정신'이라고 칭하는 마음을 가진 사람들이었다는 것이다. 19세기에도 옛날부터 물려받은 상업능력을 소유한, 리버풀과 함부르크의 고상한 신사들이 그러한 마음의 전형적인 대표자들이 아니라, 분명히 보잘것없는 관계에서 벼락출세하여 신분이 상승한, 맨체스터와 라인란트-베스트팔렌의 사람들이 대표자였다. 16세기에도 이미 이와 유사한 상황이 있었다. 그 당시 새롭게 생겨난 산업은 대부분이 주로 벼락출세한 사람들에 의해서 만들어진 것이었다.

은행, 수출 무역과 같은 경영 또는 규모가 좀 더 큰 소매업, 가내공업에서 생산된 물건을 모아서 판매하는 도매업 같은 경영은 자본주의적 기업의 형태로만 확실히 가능하다. 그렇지만 이 모두가 엄밀하게는 전통주의적인 정신에서 이루어질 수가 있다. 대규모 발권 은행들의 업무가 결코 다르게 추진되어서는 안 된다. 모든 시대의 해외 무역은 엄격히 전통적인 성격을 지닌 독점과 규정의 토대에 근거를 두었다.

소매업에서는-그리고 여기서 소매업은 오늘날 국가의 원조를 요청하는, 규모가 작으면서 자본이 없는 게으름뱅이에 대한 말이 아니다-오래된 전통주의에 종말을 고하는 혁명이 진행되었는데, 이것은 아직도 진행되고 있는 상황이다. 옛날의 도매업 체계의 형대가 허물어진 것도 이와 동일한 혁명에 의한 것인데, 이것은 근대의 가내 노동과 그저 형태상으로만 유사성을 유지하고 있었을 뿐이다. 이와 같은 혁명화 과정이 어떻게 진행되고 이 과정이 무엇을 의미하는지는-이러한 일이 이미 잘 알려져 있지만-다시금 특별한 경우를 통해 분명히 하려고 한다.

19세기 중엽까지 도매상인의 생활은, 적어도 오늘날 우리의 개념으로 봤을 때, 대륙 섬유산업의 여러 분야에서 상당히 안락했다. 그래서 사람들은 그 과정을 대략 다음과 같이 상상하면 될 것이다. 즉 농부들은 자신들이 만든 직물을 가지고-(아마포의 경우) 여전히 대체로는 또는 전적으로 스스로 생산한 원료로 만들었다-도매상인이 살고 있는 도시로 나갔는데, 여기서 그들은 세밀하고 공적인 품질 검사를 종종 받았으며,

그에 대하여 통상적인 값을 받았다. 이런 도매상인의 고객들은 먼 곳에서 판매하기를 원하는 중간상인들이었는데, 이들은 물건을 사기 위해 여행을 오지만, 대개는 견본을 보고 사는 것이 아니라 관례적인 품질을 생각하고 창고에서 구매한다.

또는 그들은 오래 전부터 주문을 하는데, 경우에 따라서는 이 주문이 농부들에게까지 들어가기도 하였다. 어쨌든 단골이 주문을 하기 위해서 가끔 여행을 왔다면, 이후에는 오랜 기간 동안에 한 번 정도만 방문했고, 그 외에는 통신으로도 충분히 해결했으며, 견본을 보내는 일이 점차 증가하였다. 영업회계 시간의 적당한 범위는–대체로 하루에 5~6시간이었는데, 때로는 그보다 현저히 짧았으며, 농번기에는 더 길었다–그럭저럭 적당한 생활을 영위하고 적은 능력으로도 행복한 시간을 보낼 만큼 충분히 벌면 되는 것이었다. 이렇게 그들은 동업자들과 상대적이지만 서로 친하게 지냈으며, 영업 원칙상 서로 일치를 보이면서 '클럽'을 매일 방문하여 나름대로 풍부한 생활을 하는 가운데 밤늦게까지 무도회를 즐기고 안락한 삶의 여유를 즐겼다.

이것은 모든 면에서 '자본주의적'형태를 띤 조직이었다. 이와 같은 것은 사람들이 기업가들의 순수 상인적 · 사무적 성격에서, 마찬가지로 사업상에서 급변한 자본에 개입하는 일이 불가피한 사실에서, 종국에 가서는 경제적 과정의 객관적 측면이나 장부 기록 방식에서 본다면 그러했다는 것을 알 수가 있다. 그러나 사람들이 기업가들의 영혼을 움직이게 한 정신을 볼 때, 그것은 '전통주의적'경제였다. 여기서 기업가들의 영혼을 움직이게 한 것은 전통적 생계유지, 전통적 이윤, 전통적 노동 척도, 사업경영의 전통적인 방식, 노동자들과 본질적으로 전통적인 고객층의 관계에 대한 전통적인 방식, 사업경영을 지배하던 고객 확보와 판매 방식 등이다. 그래서 이와 같은 기업가들의 집단에는 '관습'(Ethos)이 토대를 이루고 있었다고 말할 수 있다.

그런데 언젠가 갑자기 안락함이 깨졌다. 게다가 그때 조직 형태의 어떤 원칙적인 변화가 없이-완결된 경영으로의 이행, 직조기와 같은 것으로의 이행이 없이-그런 일이 발생하였다. 오히려 일어난 일은 종종 다음과 같은 것뿐이었다. 즉 도매에 관여한 가족들 가운데 한 청년이 도시에서 농촌으로 가서 자신의 요구에 맞는 직조공들을 세심하게 선발하여 지배하고 통제하기를 차츰 강화해 나가면서, 그들을 농부에서 노동자로 교육했다.

하지만 다른 한편으로는 최종 구매자들에게 가능한 한 직접 다가감으로써 판매를 하였다. 그들은 소매업에 직접 착수하였고 고객을 인격적으로 확보했으며, 그들을 매년 규칙적으로 방문했다. 특히 상품의 품질을 오로지 구매자의 욕구와 희망에 맞추었고 구매자의 '입맛에 맞게'만들 줄 알았으며, 동시에 '박리다매' 원칙을 실행하기 시작했다. 그래서 언제 어디서나 그와 같은 '합리화' 과정의 결과가 반복되었으며, 발전하지 못하는 사람은 당연히 몰락할 수밖에 없었다.

목가적인 풍경은 심각한 경쟁이 시작되면서 붕괴하였고, 상당한 재산이 축적되었으나 이자를 목적으로 한 게 아니라 항상 사업에 투자하였다. 느긋하고 안락하게 유지되던 생계는 함께 진행된 딱딱하고 무미건조함에 굴복해버렸다. 왜냐하면 그들은 소비를 원했던 것이 아니라 돈을 벌기를 원했기 때문이며, 그들 가운데 옛날 방식으로 머물렀던 사람들은 절약을 하지 않으면 안 되었기 때문이다.

그리고 무엇보다 여기서 중요한 것은 그와 같은 경우 일반적으로 새로운 돈의 유입이 이러한 변혁을 야기한 것이 아니라, 내가 알고 있는 많은 경우, 친척들에게서 빌린 수천의 자본이 전체 혁명과정을 실현했다. 새로운 정신, 바로 '근대 자본주의 정신'의 진입이 변혁을 야기한 것이었다. 근대 자본주의를 팽창시킨 추진력이 무엇인가를 묻는 것은 자본주의적으로 사용할 수 있게 비축한 돈의 출처를 묻는 게 우선이 아니라, 무엇보다도 자본주의 정신의 발전에 대해서 묻는 것이다.

이 정신이 생기를 얻고 영향을 미칠 수 있는 곳에서는 돈을 비축하는 것을 스스로의 활동 수단으로써 마련하는 것이지 그 반대의 경우는 아니다. 하지만 이 정신의 진입은 결코 평화스럽지가 않았다. 처음 시작한 사람들에게 불신이 넘쳐났고, 때에 따라서는 증오를 받기도 했으며, 무엇보다도 도덕적으로 분노하는 사람들에 의해서 규칙적으로 강력한 저항에 부딪히기도 하였다.-나는 그와 같은 경우를 더 많이 알고 있는데-그런 사람들은 자신의 경력에서 비밀스럽고 어두운 부분에 대해 종종 공식적인 전설을 만들기 시작하였다. 오로지 비범할 정도로 흔들리지 않는 성격만이 객관적인 자기 통제를 상실하더라도 그리고 도덕적 · 경제적 파산에 직면해서도 '새로운 스타일'을 가진 그와 같은 기업가를 지켜낼 수가 있었다는 사실을 그 누구도 쉽게, 편견 없이 충분히 알아차리지는 못했다.

그뿐만 아니라 그렇게 흔들리지 않는 성격을 가진 사람은 명석한 관찰과 실행력과 함께, 특히 매우 단호하고 강인한 '윤리적'자질을 지닌 사람이었으며, 이런 자질은 새로운 것을 함에 있어서 고객과 노동자들에게서 단적으로 필수적인 신뢰를 얻었다. 그리고 그것은 무수한 저항을 극복하게 하는 활력을 가져다주기도 하였다. 하지만 무엇보다도 그때부터 기업가에 의해서 요구되고 안락한 생활을 누리는 것과 결부된, 무한하면서도 매우 강도 높은 노동을 실행하는 것이 어쨌건 가능하게 되었다. 바로 이러한 윤리적 자질은 과거의 전통주의 윤리적 자질에 적합한 것과는 특별히 다른 양태였다.

그리고 모든 시대의 경제사에서 볼 수 있는 것처럼, 대담하고도 양심이 없는 투기꾼과 경제적 모험가들이 늘 있어 온 것은 아니다. 또는 외적으로 볼 수가 없지만 이렇게 새로운 정신에 의해서 경제적 생활을 성취하기 위하여 결정적인 전환을 이루어낸, 간단히 말해서 '대단한 부자들'이 통상적으로 있어 온 것도 아니었다. 오히려 그런 사람들은 엄격한 삶의 가르침 속에서 성장했으며, 동시에 심사숙고하면서도 위험을 무릅쓰면서, 무엇보다도 냉정하면서도 끈기 있고, 예리하고 완벽하게 강인한 시민적 직관과 '원칙'을 가지고 일에 매진한 사람들이었다.

사람들은 이처럼 인격적이고 도덕적인 자질이 어떤 윤리적 원칙이나 완전히 종교적인 사상 그 자체에 의해서는 무엇인가를 거의 이루어내지 못한다는 사실을, 그리고 이러한 경향에 따라서 본질적으로 어떤 부정적인 것, 즉 전승된 전통에서 벗어나는 능력, 따라서 자유주의적인 '계몽사상'이 그와 같은 사업적인 삶의 태도에는 적합한 토대라는 것을 믿는 경향이 있다. 그런데 실제로 이것은 오늘날 전적으로 일반적인 경우이다.

삶의 태도와 종교적인 출발점의 관계가 한결같지는 않다. 그뿐만 아니라 한결같은 관계가 존재하는 곳에는, 적어도 독일에서는 부정적인 방식으로 나타날 때가 많다. '자본주의 정신'으로 가득 찬 천성을 가진 사람들은 오늘날 교회에 적대적이지는 않을지라도 냉담한 태도를 보이곤 한다. 신앙심은 깊지만 지루한 나날이 이어지는 천국에 대한 사상은 활동적인 천성을 가진 사람들에게는 별로 매력이 있는 게 아니며, 이들에게 종교는 지상의 노동으로부터 인간을 떼어놓는 수단으로 보일 뿐이다.

만일 사람들이 그들에게 자신들이 소유한 재산에 대해 결코 즐거워하지 않고, 그렇기 때문에 그것이 순전히 현세의 삶을 결정짓는 데에 아무런 의미가 없는 것임에 틀림없는데, 도대체 어찌하여 그것을 쉬지 않고 사냥하듯이 하고 있는지를 물어본다면, 경우에 따라서 어쨌거나 그들은 다음과 같이 대답할 줄 알 것이다. 즉 종종은 '자식과 손자를 염려해서'라고, 그리고-왜냐하면 그러한 동기가 그들에게만 고유한 것은 분명히 아니며, 오히려 '전통주의적인'사람들에게도 마찬가지로 모두 그렇게 작용할 것이기 때문이다-더 확실하게는, 그들에게 끊임없이 노동하는 사업이야말로 '삶에 불가피한'것이 되었다고 대답할 것이다.

이것은 사실상 유일하게 적합한 동기유발이며, 동시에 개인의 행복이라는 관점에서 볼 때 이 동기유발이 삶을 비합리적으로 이끌게 되는 것으로 나타난다. 이러한 삶에서 인간은 자신의 사업을 위해 존재하는 것이지 반대의 경우는 아니다. 당연하게도 감정은 권력과 명성, 즉 재산소유라는 단순한 사실에 부응하는 명성을 위하여 임무를 수행한다.

일찍이 모든 국민의 환상이 미국에서처럼 순전히 양적으로 큰 것을 지향한 곳에서는 이와 같은 숫자에 대한 낭만이 저항할 수 없는 마법을 부려서 상인 중에서 '시인'을 탄생하게 했다. 그러나 그밖에는 전체적으로 원래가 주도적이지도 않고, 말하자면 지속해서 돈을 벌어들이는 성공적인 기업가들도 아니었다. 그리고 궁극적으로는 가족세습재산의 소유라는 항구에 입항한 것, 독일 자본주의 졸부들의 통상적인 이력이 보여준 것처럼, 대학교와 장교단에서 일함으로써 자신들의 가문을 잊어버린 아들들을 가진, 세습이 아닌 수작서(授爵書)에 의한 귀족이라는 항구에 입항한 것은 스스로가 아류이면서 퇴폐적인 산물임을 증명해주고 있다.

우리한테서 탁월한 개별적인 사례들이 나타난 것처럼, 자본주의 기업가의 이상형(Idealtypus)은 그와 같이 조잡하거나 더 고상한 오만함을 지니고 있는 것과 비슷한 그 어떤 형태가 아니다. 그런 기업가는 겉치레를 두려워하고 불필요한 낭비를 피한다. 마찬가지로 이런 기업가는 자기 권력을 의식한 향락을 멀리하며, 자신이 누리고 있는 사회적 명성이 나타내는 외적인 표식에 의해서 자신이 오히려 불편해지는 것을 두려워한다.

다시 말해서, 그들의 삶을 이끄는 것은 종종-그리고 이것은 우리의 연구를 위해서는 중요한데, 이러한 현상의 역사적인 의미에서 등장하게 될 것이다-확실한 금욕적 상태 그 자체를 지니고 있다. 이러한 금욕적 상태는 앞에서 인용한 프랭클린의 '설교'에서 밝혀진 바와 같다. 말하자면 그것은 결코 가끔이 아니라 기업가들에게서 냉정한 겸손에 대한 척도로써 매우 자주 발견되고 있다. 이 척도는 벤저민 프랭클린이 매우 현명하게 소개할 줄 알았던 것보다 본질적으로 더 똑바른 것이다. 이런 기업가는 자기 자신을 위한 부에 대해서는 아무것도 가진 게 없으며—그렇지 않다면, 좋은 '직업을 수행'하는 비합리적인 감각을 지니고 있을 뿐이다.

그러나 이것은 자본주의 이전 사람들에게는 매우 이해하기 힘들고 난해한 것이었으며, 매우 불결하고 경멸적인 현상으로 보였다. 누군가가 훗날 오로지 물질적으로 엄청난 돈과 재화를 무덤에까지 가지고 갈 생각만 하는 것을 자기 삶에서 노동의 목적으로 한다면, 그것은 단지 타락한 충동의 산물로서, 즉 '황금을 향한 끔찍한 탐욕'이라고만 설명될 뿐이다.

현재 우리의 정치, 사법(私法), 교통 제도 가운데 우리 경제에 적합한 경영 형태와 구조에서는, 이미 말했듯이, 이제 이러한 자본주의 '정신'이 순수한 적응의 산물로서 이해될 수 있다. 자본주의적 경제 질서는 돈을 버는 '직업'에 이렇게 몰두할 것을 필요로 한다. 그것은 외부 물건을 대하는 일종의 자기 태도 방식인데, 이것은 자본주의적 구조에 매우 적합하며, 그래서 경제적 생존 투쟁에서 승리하기 위한 조건들과 매우 밀접하게 결부되어 있다.

이렇게 '이재'(理財)에 밝은 삶의 태도가 오늘날 어떤 통일된 '세계관'과 필연적인 연관성을 지니는지 어떤지는 실제로 언급할 수가 없다. 요컨대 이러한 삶의 태도는 어떤 종교 세력들의 동의를 얻어야 할 필요가 없으며, 교회의 규범을 통하여 경제적 삶에 영향을 끼치는 것을 느낄 필요도 없다. 이와 같은 것은 어쨌든 간에 국가의 엄격한 규제와 같은 장애물이라고 여전히 충분히 느낄 수는 있다. 이런 경우 상업 정책적, 사회 정책적 이해관계가 '세계관'을 규정하곤 한다.

자기 삶의 태도에서 자본주의적으로 성공하기 위한 조건들에 적응하지 못하는 사람은 몰락하거나 성공하지 못한다. 그러나 이것은 근대 자본주의가 승리를 거두고 예전의 후원으로부터 해방된 시대의 현상들이다. 근대 자본주의가 장차 생겨날 근대 국가권력과 제휴하여 중세의 경제를 규제한 낡은 형식들을 붕괴시킨 것처럼-우리는 잠정적으로 이렇게 말하려 한다-그와 동일한 경우가 지금의 종교적 권력들과의 관계에서도 나타났다고 할 수가 있다. 이건 어떤 경우였는지를 바로 여기서 연구하게 된다.

왜냐하면 인간에게 의무적으로 부여된 자기 목적으로서 그리고 '직업'으로서 화폐획득을 파악하는 것이 모든 시대의 윤리적 감각에 역행하기 때문에, 이것은 거의 증명을 필요로 하지 않기 때문이다. 교회법으로 변했고, 당시에는 (복음서에서 이자에 관한 부분과 마찬가지로) 상인의 활동에 대해서 필요했던 '신을 기쁘게 할 수가 없다'고 하는 교의를 위해 순전히 유지되었던 것, 그리고 이윤 추구를 수치라고 칭했던 토마스(불가피하고 따라서 윤리적으로 허락되었던 이윤 생성조차도 이런 치욕을 당했다.)에게 보면 급진적인 반이재(反理財)의 견해에 대항하는 상당히 광범위한 집단이 있었다.

이때 이미 이탈리아 도시들의 금권(金權)과 정치적으로 매우 긴밀한 관계를 맺고 있던 교회의 이해관계에 대항하는 가톨릭 교의(敎義)가 상당한 정도로 형성되어 있었다. 그리고 교의에 더 많이 순응하고 있던 곳에서는, 요컨대 플로렌스의 안토니우스에게 있어서처럼, 자기 목적으로서 영리를 추구하던 활동에서는 근본적으로 지독한 수치스러움이 문제가 된다는 생각이 결코 완전히 사라지지는 않았다. 이와 같은 수치는 일찍이 존재했던 삶의 질서를 묵인할 필요가 있었다.

무엇보다도 그 당시의 유명론(唯名論) 학파의 윤리학자 개개인은 이미 전개된 자본주의적 영업 형태의 발단을 받아들였으며, 특히 상업에 필요한 합법적인 것으로 추구했는데, 그 안에서 발전한 '산업'을 적법한 이윤의 원천으로서 그리고 윤리적으로 비난받아서는 안 되는 것으로 증명하였다. 여기에도 모순이 없지는 않지만, 그러나 당시를 지배하던 학설은 자본주의적 영리 '정신'을 수치스러운 것이라고 배척했거나, 이 정신을 적어도 윤리적으로 긍정적인 것이라고 평가할 수는 없었다.

벤저민 프랭클린과 같은 '도덕적'직관은 단순하게 생각할 수 없었을 것이다. 이것은 무엇보다도 자본주의 집단에 참여한 사람들의 견해였다. 이들의 필생의 사업은, 교회의 전통이라는 토대 위에 존재할 때, 기껏해야 도덕과 무관한 어떤 것, 도덕적으로 허용된 어떤 것이었지만, 그러나 아무튼 교회의 고리대금 금지와 충돌할 항구적인 위험성 때문에 행복할지 어떨지는 의심스러운 것이었다.

샘물이 그렇듯이, 총액은 아주 현저하게 넘쳐흘렀으며, 부자가 죽을 때는 '양심이라는 돈'으로 교회에 맡기는데, 그러한 상황에서 그가 예전의 채무자에게 부당하게 '고리대금'을 받은 것이라고 되돌려주기도 하였다. 그렇지만-이단자 또는 의심스러워 보이는 경향과 더불어-전통으로부터 내면적으로 이미 벗어난 집단들은 달랐다.

그러나 회의적이거나 비교회적인 천성을 가진 사람들은, 죽음 이후 상태의 불확실성에 대해 보증을 더 잘 받기 위해서 그리고 (적어도 매우 광범위하고 안이한 견해에 따르면) 천국에서의 행복을 위해서는 교회의 계율에 외적으로 굴복하는 것으로 충분했기 때문에, 금전의 총액으로 모든 경우를 감수하곤 하였다. 바로 여기에 도덕 외적인 것이나, 아니면 관여한 사람들의 견해에 따른 행위가 수반되는 반도덕적인 것이 분명하게 드러난다.

그런데 호의적으로 보자면, 이렇게 도덕적으로 용인된 행동거지에서는 벤저민 프랭클린이 말한 의미에서 '천직'이 어떻게 생겨나게 되었을까? 당시 세계의 자본주의적 발전의 중심지였던 14, 15세기 플로렌스에서는 모든 정치적 거대 권력이 가졌던 금융시장과 자본시장이 도덕적으로 의심스러운 것으로 간주되기도 했으며, 경우에 따라서는 허용할 수 있는 것으로 간주되었는데, 이러한 것을 역사적으로 어떻게 설명할 수 있을까? 경제가 순전히 화폐부족 때문에 지속적으로 물물교환 상황으로 붕괴될 위험에 있었던, 18세기 펜실베이니아의 세상물정 모르는 소시민들의 관계에서는 거대한 산업 경영의 흔적을 거의 찾아볼 수 없고 은행들은 단지 막 문을 열고 첫 걸음을 내딛기 시작할 뿐이었는데, 도덕적으로 칭찬할만한 삶의 내용으로 간주할 수 있는 것은 무엇이었을까?

여기서 '관념적 상부구조'에 있는 '물질적' 여러 관계의 '반영'에 대해 시 말하기를 원한다는 것은 아무런 의미가 없음이 분명하다. 그러므로 외적으로는 순전히 이윤획득을 지향한 활동을 개개인이 의무라고 느낄만한 '천직'이라는 범주 아래에 정리하는 것은 어떤 사상에 근거를 두고 있는 것인가? 이러한 사상은 '새로운 유형'을 띤 기업가의 삶의 태도에 윤리적인 하부구조와 발판을 지속시킨 것이었다.

사람들은-특히 좀바르트는 성공하여 큰 영향력을 자주 발휘하였다-'경제적 합리주의'를 근대 경제 일반의 근본 동기라고 불렀다. 만일 경제적 합리주의가 노동 생산성의 증대로 이해된다면, 생산과정을 과학적 관점 아래에 정리함으로써 자연적으로 주어진 개인의 '유기적'한계라는 구속을 제거했다는 것은 의심의 여지도 없이 옳다. 그런데 기술과 경제 영역에서의 이와 같은 합리화 과정이 근대 시민사회의 '삶의 이상'(理想)에서 중요한 부분을 제약하고 있었다는 것은 의심할 바가 없다. 인류의 물질적 재화를 공급하는 합리적 형태에 기여하는 노동은 '자본주의 정신'의 대표자들에게 항상 그들의 삶을 위한 노동을 목적으로 하는 방식 가운데 하나로써 머리에 떠오르게 하였다.

예를 들면, 사람들은 프랭클린이 필라델피아의 자치단체 개선에 기여하기 위해서 서술하고 있는 것을 읽어보기만 하면 그 진실성을 분명하게 알 수가 있다. 수많은 사람에게 '노동을 제공하고', 국민의 수와 무역의 수량을 목표로 한 고향 도시의 경제적 '번영'을 위해 함께 노력한 기쁨과 자부심은 이제 자본주의라는 단어의 의미와 결합하였다. 이러한 모든 것은 근대 기업가들에게 공통적인 '이상적인'삶의 기쁨이었음이 틀림없으며, 이와 같은 기쁨에 속하는 특수한 것임이 자명하다.

또한 그것은 자본주의적인 사적 경제의 근본적인 특성들 가운데 하나임이 분명한데, 이러한 특성이란 엄격하게 계산된 토대 위에서 합리화되었으며, 계획적이고 유용성 있게 경제적 성과를 위해 노력하는 것을 목표로 하였다. 그렇지만 이것은 농부들이 그날그날 근근이 입에 풀칠하면서 살아가는 것과는 대조적이었으며, 특권을 부여받은 중세의 길드조합과도 대조적이었으며, 그리고 정치적인 기회와 비합리적인 투기를 생명으로 여긴 '모험적인 자본주의'의 관행과도 대조적이었다.

그러므로 '자본주의 정신'의 발전을 합리주의의 전체적인 발전과정에 속하는 부분 현상으로 가장 단순하게 이해하는 것이 나타나며, 자본주의 정신의 원칙적인 입장으로부터 삶의 궁극적인 문제를 끌어내야만 하는 현상이 나타난다. 그럼으로써 프로테스탄티즘은 순전히 자본주의적인 삶의 견해를 위해서, 먼저 재배되는 작물과 같은 어떤 역할을 하는 한에서만 역사적으로 고려될 수가 있을 것이다. 사람들이 진지하게 시도해보기만 한다면, 그와 같이 단순하게 문제를 설정하는 것은 유익하지가 않다는 점이 제시될 것이다.

왜냐하면 합리주의의 역사는 개개인의 삶의 영역에서 병행하여 진보하고 있는 발전을 제시하고 있는 게 결코 아니기 때문이다. 예를 들어, 사법(私法)의 합리화는, 만일 사람들이 이것을 법제의 개념적인 단순화와 편제라고 이해한다면, 지금까지의 그것의 최고 형식으로는 고대 후기의 로마법에서 성취되었으며, 가장 퇴보한 것은 경제적으로 대부분의 합리주의 나라들 가운데 몇몇 곳에서 여전히 그러한 상태로 있었는데, 특히 영국에서 그러하였다. 영국에서는 로마법의 부흥이 커다란 법률적 조합의 권력으로 인하여 좌절을 맛보았지만, 반면에 남부 유럽의 가톨릭 지역에서는 로마법의 지배가 항상 존속하고 있었다. 순수한 현세적인 철학이 18세기에 그러한 나라들에만 철저하게 나타났던 것도 아니었으며, 또한 자본주의적으로 최고도로 발전한 나라들에서만 주로 나타났던 것도 아니었다.

볼테르주의는 오늘날에도 여전히 로마 가톨릭 나라들에서 상층과-그리고 실제로 더 중요한-중간층을 형성하고 있는 광범위한 계층의 공동재산이다. 만일 사람들이 삶의 태도 방식, 즉 세계를 개별적 자아의 현세적인 관심과 관련하여 의식하고 이로부터 판단하는 방식을 철저하게 '실천적 합리주의'라고 이해한다면, 이와 같은 삶의 방식은 이탈리아 사람들과 프랑스 사람들에게 있어서 피와 살처럼 몸에 익어 있는 '자유재량'으로 살아가는 국민의, 그야말로 전형적인 특성이었으며 오늘날에도 여전히 그러하다.

이것이 자본주의가 필요로 하는 과제로서의 '직업'과 인간의 관계가 주로 번영을 이룬 토대는 결코 아니었다는 점을 우리는 미리 확정할 수가 있었다. 사람들은 바로-종종 기억에서 사라지고 있는 이러한 단순한 명제는 합리주의와 관련을 맺고 있는 연구의 첫머리에 위치해야만 했다-삶을 매우 다양한 궁극적인 관점 아래에서 그리고 매우 다양한 방향에 따라서 '합리화'할 수가 있다. '

합리주의'는 역사적인 개념인데, 이는 자신 안에 대립한 세계를 포함하고 있으며, 우리가 반드시 고찰해야만 할 것은 어떤 정신의 맹아(萌芽)가 '합리적'사유와 삶의 구체적인 형식이었는지, 그리고 '천직' 사상은 어디에서 유래되었는지-우리가 이미 살펴본 것처럼, 순수 행복주의적인 이기심의 관점에서 보면 무척 비합리적인-우리의 자본주의적 문화의 특징적인 구성요소들 가운데 하나였고 지금도 여전히 그러한 직업노동에 전념하는 사상이 어디에서 성장했는지 등에 관한 것이다. 여기서 곧바로 우리의 관심을 끄는 것은 '천직' 개념과 같은 비합리적인 요소가 어디에서 유래되었는가 하는 점이다.

3. 루터의 소명 개념 – 탐구 과제

독일어 '천직'(직업, Beruf)이라는 단어에는, 아마도 영어의 '소명'(calling)이라는 단어에서 더 명료하게 알 수 있는 것과 마찬가지로, 적어도 이미 종교적인 관념과 신에 의해서 부여받은 과제라는 울림이 있다. 그리고 우리가 구체적으로 단어에 대해 강력하게 강조를 하면 할수록 종교적 관념이 더욱더 뚜렷해진다는 점이 이제 아주 명백하다. 그런데 만일 우리가 단어를 역사적으로 그리고 문화언어를 통틀어서 추적해본다면, 다음과 같은 사실이 먼저 나타나는 것을 알 수가 있다.

즉 대부분이 가톨릭교도인 민족들은 우리가 종신직업과 명확하게 구별되는 노동 영역이라는 의미에서 '천직'이라고 칭하는 것에 대해서 고대의 고전적인 의미에서와같이 비슷한 표현을 잘 알지를 못한다. 반면에 대부분이 프로테스탄트교도인 모든 민족에게는 그러한 표현이 존재하였다. 더욱이 이에 상응하는 언어에 인종적으로 제약된 어떤 특성, 즉 '게르만 민족정신'과 같은 표현이 관여하고 있는 게 나타나는 것이 아니라, 오늘날의 의미에서 그 단어가 성서의 번역에서 유래하고, 원문의 정신에서가 아니라 번역자의 정신에서 유래한다는 사실이 나타나 있다.

루터가 번역한 성서에는, 먼저 예수 집회서[3]의 한 부분(11장 20절과 21절)에는 오늘날 우리가 사용하고 있는 것과 완전히 같은 의미가 보이

3 구약성서 외경(外經)의 한 책. 외경 중에서 가장 방대하며 초대 교회 사람들이 애독한 문서이다. 그리스어 번역에서 《벤 시락의 지혜》라고 하였지만, 《집회서》라는 성서는, 라틴어의 에클레시아스티쿠스(Ecclesiasticus)의 번역으로 '교회적인 책'또는 '교회서'라고도 번역한다. BC 180년경 헤브라이어로 시락의 아들(벤 시라) 예수에 의하여 씌어졌고, BC 130년경 이집트로 가지고 간 동명의 인물(원저자의 손자)에 의하여 그리스어(語)로 번역되었다. 알렉산드리아의 유대인들은 이를 구약성서(그리스어역)의 일부로서 인정하였다. 출처 『두산백과사전』

고 있다. 그런 후 곧장 모든 프로테스탄트 민족의 비종교적 언어에는 오늘날의 의미를 수용하였다. 이 반면에 그 이전의 비종교적인 문헌에는 그와 같은 단어의 의미를 지닌 그 어떤 싹도 발견할 수가 없었으며, 또한 설교집에서도 마찬가지로 발견할 수가 없었다. 단지 독일의 신비주의자에게는 그것이 분명했는데, 이 신비주의자들이 루터에게 영향을 끼쳤다는 것은 잘 알려진 사실이다.

그리고 단어의 뜻과 마찬가지로-그것은 잘 알려진 사실이라고 할 수 있다.-사상도 새로운 것이고 종교개혁의 산물이다. 이러한 천직 개념에 포함되어 있는 세속의 일상적인 노동을 어림잡아 평가하는 것에 대한 어떤 시작이 이미 중세 시대에서가 아니라 마치 (후기 헬레니즘의) 고대에는 존재하지 않았다는 듯이 말하려는 것은 아니다. 이에 관해서는 나중에 언급하겠다. 어쨌든 우선 하나는 제약 없는 새로운 것이었다.

즉 도덕적으로 자기실현을 함에 있어서 일반적으로 수용할 수 있는 최고의 내용으로서 세속의 직업에 포함되어있는 의무실행을 어림잡아 평가하는 일은 아무런 제약이 없는 새로운 것이었다. 이것은 세속의 일상노동이 지니고 있는 종교적 의미에 관한 관념을 피할 수 없는 결과로써 가지게 된 것을 말하며, 또한 이러한 의미에서 직업 개념을 처음으로 낳게 된 것이었다. 그러므로 '직업'이라는 개념에는 모든 프로테스탄트 교파의 중심 교의가 나타나 있는데, 여기서 중심 교의란 기독교의 도덕적 계율을 '명령'(praecepta)과 '권고'(consilia)로 구별하는 가톨릭을 배제하는 것이다. 그리고 그것은 신을 기분 좋게 하면서 살아가는 유일한 수단으로써, 수도사의 금욕생활을 통해서 세속의 도덕을 능가하는 것이 아니라, 개개인의 삶의 지위에서 주어지는 바와 같은 세속의 의무를 오직 충실히 이행함으로써만 자신의 '직업'이 된다는 관념이다.

루터에게서 이와 같은 사상은 그의 종교개혁 활동 초기 10년 동안에 전개되고 있었다. 초기 루터는 중세의 중요한 전통이라는 의미에서 철저하게, 예를 들면 토마스 아퀴나스로 대표되는 것과 같은 세속적인 노동을 생각하였다. 이 세속적인 노동은 신의 의지에 의한 것임에도 불구하고 피조물 특유의 것에 속하며, 신앙생활의 필수불가결한 자연적 토대인데, 먹고 마시는 것과 마찬가지로 도덕적으로는 아무런 상관이 없는 것이었다.

그러나 '오직 신앙만으로'라는 사상을 시종일관 더 분명하게 실행함으로써, 그리고 바로 이를 통해서 주어져서 점점 예리해지고 있는, '악마의 명령에 의한'가톨릭 수도사의 '복음적 충고'에 대항함으로써 직업의 중요성이 증대되고 있었다. 그런데 신 앞에서 정당함을 증명하기 위해서는 수도사의 삶의 태도가 전적으로 무가치한 것임이 틀림없다. 그뿐만 아니라 그것이 루터에게는 현세의 의무를 벗어난, 이기적인 사랑이 결여된 산물로 여겨졌다. 이와는 대조적으로, 세속적인 직업노동은 이웃에 대한 사랑이 외적으로 표현된 것으로 보였다. 이것은 물론 현실과는 가장 동떨어진 방식이 되었으며, 아담 스미스의 유명한 명제들과는 이상하리만치 대립함으로써, 특히 분업은 개개인으로 하여금 다른 사람을 위해서 노동을 하도록 강제하는 것이라는 점을 지적하고 있다.

그럼에도 불구하고, 사람들이 보고 있는 것처럼, 이렇게 본질적으로 스콜라적인 토대는 곧 사라져버리고 다음과 같은 것만 남게 된다. 즉 세속적인 의무를 수행하는 일은 모든 상황 중에서도 신을 기쁘게 하는 유일한 길이며, 그것, 오직 그것만이 신의 의지이고, 그렇기 때문에 허락된 모든 직업은 신 앞에서 동일한 가치를 지닌다는 점이 점점 더 강조되고 있다.

세속적인 직업생활에 이렇게 도덕적인 특징을 부여하는 일은 종교개혁의 가장 중요한 결과를 일으키는 업적 가운데 하나이며, 그러므로 특히 루터의 업적 가운데 하나라는 사실이 의심할 바 없으며, 차츰 판에 박힌 말로 여겨지게 되었다. 이러한 견해는 심한 거부감을 느끼게도 했는데, 파스칼(Pascal)의 관조적인 목소리는 이런 증오심을 가지고 자신의 확신에 따라서 세상에서 일을 하는 것이 무가치함이나 교활함으로부터 설명될 수 있는 것이라고 보았고, 예수회의 개연설(Probabilismus)이 수행한 바 있는 세상에 대해 공리적으로 관대하게 적응하는 것이라고도 보았다. 하지만 프로테스탄티즘의 업적이 지니는 실제적인 중요성이 개별적으로 생각될 수 있다고 하는 것은 일반적으로는 분명하게 인식되기보다는 막연하게 감지될 뿐이다.

우리가 여기서 지금까지 이 단어와 결부해 있는 의미에서, 또는 그밖에 어떤 다른 의미에서, 루터가 '자본주의 정신'과 내적으로 친화 관계를 요구하지는 않는다는 것을 맨 먼저 확인할 필요는 거의 없다. 종교개혁의 '업적'을 가장 열렬하게 찬양하곤 하는 교회 권역(圈域)은 이미 오늘날 어떤 의미로는 자본주의의 친구가 전혀 아니다. 그렇지만 루터 자신도 프랭클린에게서 나타난 것과 같은 심정을 가지고 맺은 친화 관계를 아무런 의심 없이 냉정하게 거부하지는 않았음에 틀림이 없다.

물론 사람들은 여기서 푸거가(Fugger家)와 같은 대상인(大商人)에 대한 불평을 증후군(Symptom)으로 끌어와서는 안 된다. 왜냐하면 16, 17세기에 몇몇 거대한 무역회사가 법적으로 또는 사실적으로 특권을 부여받은 지위에 대항해서 싸운 일이 무엇보다도 근대에 트러스트(Trust)에 대항해서 싸운 것과 비교될 수 있기 때문이며, 이러한 싸움이 이미 그 자체적으로 전통주의적인 심정의 표현은 아니기 때문이다.

이렇게 전통주의적인 기질에 대항하여, 전당포들에 대항하여, 영국과 프랑스에서 영국 교회주의와 국왕과 의회의 비호를 받는 '환전상'과 독점권자들, 거대 투기업자들 그리고 은행가들에 대항하여, 청교도나 위그노파 사람들은 격렬한 투쟁을 하였다. 크롬웰(Cromwell)은 던바 전투(1650년 9월) 후에 장기의회[4] 앞으로 다음과 같은 편지를 보냈다. "모든 직업의 오용을 중지해주시기를 부탁드리며, 소수를 부자로 만들기 위하여 많은 사람을 가난하게 만드는 것이 존재한다면 그것은 공동체에 도움이 되지 않습니다."이에 반해서, 사람들은 크롬웰을 다른 한편으로 완전히 특수하게 '자본주의적' 사고방식에 빠져있는 사람이라고 생각하게 된다.

이 반면 루터에게는 고리대금과 이자 취득 등에 반대하는 무수한 진술이 명백하게 보이며, 후기 스콜라학파와는 반대로 자본주의적인 영리의 본질을 소개하는 '낡은' 방식이 직접(자본주의적인 관점에서) 분명히 나타나고 있다. 특히 예를 들어, 플로렌스의 안토니우스에게서는 이미 극복되었던, 화폐의 비생산성에 관한 논증은 당연히 거기에 속한다.

그렇지만 우리가 여기서 개별적으로 상세히 살펴볼 필요는 전혀 없다. 왜냐하면 무엇보다도 종교적인 의미에서 '직업'이라는 사상은 세속적인 삶의 태도에 시종일관 매우 다른 형태들을 취할 수 있었기 때문이

4 1640년에 소집되어 1653년에 해산된 영국 의회

다. 종교개혁 자체의 업적은 우선, 가톨릭의 견해와는 대조적으로, 세속에서 직업적으로 편제된 노동을 위하여 도덕적으로 강조하고 종교적으로 사례(謝禮)하는 일이 증가하였다는 점이다.

이를 나타내는 '직업' 사상이 더욱 발전했으며, 그때부터는 개별적인 종교개혁 교회들 안에서 전개되어 나갔는데, 이것은 더욱 상세하게 각인된 신앙심에 의존해 있었다. 그런데 루터가 직업 사상을 끌어냈다고 믿었던 성서의 권위는 그 자체가 전통주의적으로 전환하는 데에 전적으로 유리했다. 특히 구약성서는 순수한 예언서에서 세속의 도덕성을 전혀 능가하지 않으며 게다가 완전히 개별화된, 성서의 나머지 항목들에서만 알려져 있었는데, 엄밀하게 보면 이와 같은 의미에서 종교적으로 매우 유사한 사상의 형태를 띠었다.

즉 그것은, 각자는 자신의 '생계'에 머무르고 이익 추구는 신을 믿지 않는 사람에게 맡긴다는 사상이다. 이것은 세속의 일에 관해서 직접 다루는 모든 입장의 의미이다. 이 점에서 탈무드만 겨우 부분적으로-그러나 원칙적으로는 그렇지 않다-다른 토대 위에 있다. 예수의 개인적인 입장은 전형적으로 고대-오리엔트식 기도를 하는 것인데, 그것은 고전적인 순수함의 특징을 지니고 '우리에게 일용할 양식을 주옵시고'라는 기도이며, '불의(不義)한 재산'이라는 표현에서 드러나듯이 현세를 거부하는 급진적인 태도는 근대 직업 사상을 직접 예수와 결부시키는 것을 개인적으로 배제하였다.

신약성서에 기록되어 있는 기독교 사도 시대는, 특히 바울은 초기 기독교 세대에 충만했던 종말론적 기대의 결과로써 세속의 직업 생활에 대립해 있었는데, 그 방식은 무관심하거나 아니면 본질적으로 전통주의적인 것이었다. 모든 사람은 주님의 재림을 기다리기 때문에, 주님의 '부름'을 받았을 때 지금까지와 같이 일을 하면서 자신의 신분과 세속의 일을 그대로 유지해야 한다. 그러면 각자는 가난함으로 인해 형제들에게 부담이 되는 경우가 없을 것이며, 그것도 단지 잠시만 그러할 것이다. 루터는 당시 자신의 모든 분위기에 맞는 안경을 끼고 성서를 읽었으며, 그러한 분위기는 대략 1518년부터 1530년 사이에 자기 삶의 전개과정에서 전통주의적으로 머물렀을 뿐만 아니라 점점 더 전통주의적으로 되어갔다.

루터는 자신이 종교개혁 활동을 하던 초반부에 직업을 본질적으로 피조물 특유의 것으로 평가함으로써, 〈고린도 전서〉 제7장에 나오는 표현처럼 내면적인 활동 방식과 관련하여, 바울의 종말론적 무관심과 내적으로 유사한 생각을 하였다. 즉 사람들은 어떤 상태에 있더라도 구원을 받을 수가 있으며, 인생의 짧은 순례여행길에서 직업의 종류에 가치를 두는 것은 무의미하다고 생각했다.

그렇기 때문에 각자가 필요로 하는 것을 넘어서는 물질적 이익을 추구하는 것은 은총이 결핍된 상태를 보여주는 징후로 간주할 것임이 틀림없는데, 왜냐하면 이것은 다른 사람들의 희생을 대가로 지불하고서만 가능한 것으로 보이기 때문이며, 따라서 부도덕한 것으로 보이기 때문이다. 직업노동의 의미를 평가하는 일이 점점 늘어남에 따라 세계의 무역에 얽혀 들어가는 일도 점점 함께 나타나기 시작한다. 그렇지만 그와 동시에 루터는 개개인의 구체적인 직업을, 신의 섭리가 이미 알고 있던 이러한 구체적인 지위를 충족시키라는 신의 특수한 명령이라고 생각하기 시작했다. 그리고 '반종교개혁 추종자들'과 농민운동가들과의 투쟁 이후로, 개개인이 신에 의해서 그 안에 위치하게 된 객관적이고 역사적인 질서를 루터는 신적 의지의 직접적인 발로라고 생각했다.

이렇게 됨으로써 이제는 삶의 사소한 사건들에서도 준비할 것을 점점 더 강하게 강조하던 일이 '섭리' 사상에 상응하는 전통주의적 색채를 차츰 띠게 되었다. 즉 개개인은 신에 의해서 한번 부여받은 직업과 신분에 원칙적으로 머물러야 하며, 세속적인 그의 노력은 이렇게 자신에게 주어진 삶의 지위라는 울타리 안에서 유지되어야 한다는 것이다. 경제적 전통주의가 처음에는 바울이 보여준 무관심의 결과였다면, 나중에는 더 강력해진 섭리의 믿음에 대한 발로라고 할 수 있다.

이러한 섭리의 믿음이란 신에 대한 조건 없는 복종을 주어진 상황에 무조건 적응하는 것과 동일시하는 것이다. 루터는 직업노동과 종교적 원리들을 근본적이고도 새로운 또는 어쨌든 간에 원칙적인 토대 위에서 결합하는 데에는 이러한 방식으로 결코 성공하지 못하였다. 1520년대의 투쟁을 겪고 난 이후에 그에게 더욱더 확고해진 것처럼, 교회의 유일하고 결함이 없는 기준으로서 교설의 순수함은 윤리적 영역에서 새로운 관점을 발전시키는 것에 이미 제동을 걸어버렸다.

그러므로 루터에게서 직업 개념은 전통주의적으로 연결되어 있었다. 직업이란 인간이 신의 섭리로써 받아들이고 '순응하지 않으면 안 되는' 것이다. 이와 같은 색채는 또한 현존하는 다른 사상, 즉 직업노동이 하나의 과제 또는 오히려 신에 의해서 부여받은 과제라고 하는 사상을 압도해버렸다. 그리고 정통 루터파의 발전은 이러한 경향을 더욱 촉진하였다. 금욕적 의무를 통해서 세속적인 의무를 능가하기를 중단하는 일은, 그렇지만 교회 당국에 대해서 복종하기를 설교하는 것과 결부되어 있었으며, 주어진 생활환경에 순응하라는 것과 결부되어 있었다.

그러므로 여기서는 우선 어떤 부정적인 것이 윤리적으로 유일한 수확이었다. 중세의 종교적 윤리를 언급할 때 설명하겠지만, 루터파의 이러한 특징에서 볼 수 있는 직업 사상은 독일 신비주의자들에게서 이미 광범위하게 준비되어 있었는데, 요컨대 타울러(Tauler)에게서는 영적인 직업과 세속적인 직업이 원칙적으로 동일한 가치를 지니는 것으로 평가된 것이 바로 그러하다. 그리고 금욕적 업적을 제공한 형식에 대해서는 가치평가의 정도가 미약했는데, 그것은 영혼을 통해서 신적 정신을 열광적이고도 관조적으로 받아들이는 일만이 결정적인 의미를 가졌기 때문에 이렇게 미약한 평가를 받은 것이다.

게다가 루터파는 특정한 의미로는 신비주의자들에 비해 퇴보를 의미하기도 하는데, 루터에게서는 그리고 자신의 많은 교회에서 합리적 직업윤리를 위한 심리학적 토대가 신비주의자들에 비해 (이런 점에 대한 그들의 관점은 다양한데, 일부는 경건파적인 믿음의 심리학을, 다른 일부는 퀘이커교도의 믿음의 심리학을 기억하게 한다.) 상당히 불확실하였다. 그뿐만 아니라, 나중에 제시하겠지만, 루터에게서는 행위의 신성함으로서의 금욕적 자기 훈련 과정이 의심을 받았으며, 따라서 자신의 교회에서는 점점 더 뒷전으로 밀려나게 되었음이 틀림없다.

그러므로 루터의 의미에서 '직업'에 대한 단순한 사상은-이것만이 여기서 확정되어야 할 것이다-우리가 지금까지 볼 수 있는 만큼만, 우리가 탐구하는 것을 위해서는 의심스러운 결과였음이 틀림없다. 그런데 최소한 여기서 언급되어서는 안 될 것이 있는데, 종교생활의 새로운 질서라는 루터파 형식의 실천적 의미가 우리의 고찰 대상은 아니라는 점이다. 오히려 그 반대이다. 실천적 의미는 루터의 입장에서 그리고 루터파 교회의 입장에서 세속적인 직업으로 직접 추론할 수 없다는 점은 명백하며, 그래서 이것은 아마도 프로테스탄티즘의 다른 교파들에서처럼 쉽게 파악할 수 있는 게 결코 아닌 것과 마찬가지 경우일 것이다.

따라서 우리에게는 우선 삶에서의 실천과 종교적 출발점과의 연관성이 루터파에서보다 더 쉽게 탐구될 수 있는 형식들을 고찰하는 것이 적절하다. 그런데 자본주의 발전의 역사에서 칼뱅주의와 프로테스탄티즘 종파들의 주목할 만한 역할은 이미 앞에서 언급된 바가 있다. 루터가 자신과는 '다른 정신'을 츠빙글리(Zwingli)한테서 생생하게 발견한 것처럼, 루터의 정신적 후예들은 특히 칼뱅주의 안에서 다른 정신을 발견하였다. 가톨릭은 일찍부터 그리고 현대에 이르기까지 칼뱅주의를 진짜 적으로 간주하고 있었음이 틀림없다. 그런데 그것은 순전히 정치적 근거를 갖고 있다. 종교개혁이 루터에 의한 완전히 개인적이고도 종교적인 전개가 없이는 상상할 수가 없고 정신적으로 그의 인격에 의해서 계속해서 규정된 반면에, 그의 업적은 칼뱅주의가 없이는 외적으로도 지속할 수가 없었을 것이다.

그러나 가톨릭 교도와 루터파 교도의 공통적인 근거인 혐오는 칼뱅주의의 윤리적 특성에 근거를 두고 있었다. 가장 표면적으로는, 종교적 삶과 세속적 행위 사이의 관계가 가톨릭에서뿐만 아니라 루터파 내에서의 그것들과는 전혀 다른 방식의 관계라는 것을 우리에게 가르쳐주고 있다. 특별히 종교적인 주제를 다루고 있는 문학에서조차도 그러한 것이 등장한다.

사람들은 단테 『신곡』(Divina Commedia)의 마지막 부분에서, 즉 더 이상 바랄 게 없이 신의 신비를 직관하고 있는, 천국에 있는 시인을 좌절시키는 언어가 있는 부분에서 무언가를 취하고, 사람들이 '청교도주의의 신곡'이라고 부르는 것의 마지막 부분을 취하여 비교해보자. 밀턴(Milton)은 낙원으로부터 추방된 다음의 『실낙원』의 마지막 부분을 다음과 같이 노래하고 있다.

> "그들은 고개를 돌리고
> 지금까지는 그들의 행복한 처소였던 낙원의 동쪽을
> 바라보았다.
> 그 위에서는 불칼이 휘둘리고, 문에는
> 무서운 얼굴과 불의 무기 병기들 가득했다.
> 그들은 눈물이 절로 흘렀으나, 곧 닦는다.
> 안주의 땅을 선택하도록 온 세계가 그들 앞에
> 전개되어 있다. 섭리는 그들의 안내자.
> 그들은 손을 마주잡고 방랑의 걸음 무겁게
> 에덴을 통과하여 그 쓸쓸한 길을 갔다."[5]

그리고 그보다 조금 앞에서 천사 미카엘이 아담에게 말했다.

> "다만 그대의 지식에 부합되는 행위를 더하고
> 이에 믿음을, 믿음에 덕을,
> 덕에 인내와 절제를, 절제에 사랑을,
> 그 밖의 일체의 영혼인,
> 자비라는 이름으로 불리는 사랑을 더하라.

5 존 밀턴 지음, 조신권 옮김, 『실낙원』, 서울 (아가페문화사) 2013, 576쪽에서 인용.

그러면 그대 이 낙원을 떠나도 마다하지 않을 것이니
한층 행복한 낙원을 그대 마음속에 갖게 되리라."[6]

청교도주의의 세속성에 대한 진지함을 이렇게 강렬하게 표현하는 것을 여러분은 즉시 알아차릴 것이다. 다시 말해서, 세속적인 삶의 가치를 과제로써 이렇게 표현하고 있는 것은 중세 저술가에게서는 불가능할 것이다. 그러나 루터와 파울 게르하르트(Paul Gerhard)의 성가 합창곡에 있는 것처럼, 루터파에게는 그러한 표현이 정신적으로 전혀 같지가 않다. 그런데 여기서 이와 같이 불특정의 감각을 느끼는 이 자리에서는 무언가 더 정확하게 사유하는 것을 정식화하는 일이 중요하며, 이러한 결정을 내리는 데에 내적인 근거가 무엇인지를 묻는 것이 중요하다. '국민성'을 그 근거로 내세운다는 것은 어쨌든 간에 무지를 고백하는 것일 뿐만 아니라 우리한테 있어서도 효력이 전혀 없는 것이다. 17세기 영국 사람들에게 하나의 통일된 '국민성'이 있었다고 말하는 것은 역사적으로 올바르지 않다. '왕당파'와 '의회파'는 단순히 두 개의 정당이 아니라 스스로를 근본적으로 서로 다른 종족이라고 생각하였다. 그리고 주의 깊게 살펴본 사람이라면, 이에 대해 틀림없이 옳다고 할 것이다.

다른 한편, 영국의 모험상인조합(merchant adventurers)과 옛날 한자동맹 상인들 사이에 특징적인 논리적 대립은 잘 발견하기가 어려운데, 이것은 중세 말엽에 영국 사람들과 독일 사람들의 특징에서 다른 뚜렷한 차이를 확정하기 어려운 것과 비슷하다. 그와 같은 대립은 여러 가지 정치적 운명을 통해서 직접 설명할 수 있는 것을 제외하면 그렇다는 말

6 존 밀턴 지음, 조신권 옮김, 『실낙원』, 서울 (아가페문화사) 2013, 573-574쪽에서 인용.

이다. 결국 우리가 오늘날 느끼고 있는 그러한 차이점이 종교적인 운동-오직 이것만은 아니지만, 무엇보다도 이것이-을 낳은 것이다.

그렇기 때문에 만일 우리가 옛날 프로테스탄티즘의 윤리와 자본주의 정신의 발전 간의 관계를 고찰할 때 칼뱅과 칼뱅주의 그리고 다른 '청교도'종파들이 만들어 낸 것에서 출발한다면, 이러한 종교 공동체의 설립자 또는 대표자가 우리가 여기서 '자본주의 정신'이라고 부르는 것을 일깨워주기를 기대하고 있다고 오해해서는 안 될 것이다. 그뿐만 아니라 어떤 의미로든 간에 삶에서 그것을 노동의 목적으로 설정했다고 오해해서는 안 될 것이다. 세속적 재산에 대한 추구가 자기목적이라고 생각한 것이 그들 가운데 어떤 사람에 의해서는 윤리적 가치라고 간주하였다는 점을 우리는 도저히 믿을 수가 없을 것이다.

어쨌든 그 무엇보다 다음과 같은 한 가지를 확정해야 한다. 즉 윤리적 개혁 프로그램들은 종교개혁가들 가운데 그 누구에게 있어서도-우리의 연구를 위해서는 메노(Menno), 조지 폭스(George Fox), 웨슬리(Wesley) 등과 같은 사람들을 포함해야 한다-핵심 문제가 아니었다는 점이다. 그들은 '윤리적 문화'사회의 창설자가 아니었으며 인도주의적 사회개혁운동이나 문화 이상(理想)의 대표자가 아니었다. 그들의 삶과 활동의 핵심은 영혼의 치료, 오직 그것일 뿐이었다. 그들이 가르치는 윤리적 목적과 실천적 활동은 모두 이러한 것에 고정되어 있었으며 수미일관하게 종교적인 동기를 갖고 있었다. 그렇기 때문에 우리는, 종교개혁의 문화활동이 꽤 많은 부분에서-게다가 우리의 특수한 관점에서 보면 대부분이라고 할 수 있을 만큼-전혀 예상하지 못했던, 바로 그래서 종교개혁가들이 의도하지 않았던 활동의 결과였다는 사실을 파악하지 않으면 안 된다. 그리고 이것은 그들의 예상과는 상당히 동떨어져 있거나 그들 자신의 머리에 떠오른 모든 것과는 정반대되는 것이었다.

그래서 이어지는 연구는 어떻든 '이념'이 역사 안에서 활동하게 되는 방식을 가시적으로 보여주는 데에 조심스럽게 기여하게 될 것이다. 그렇지만 처음부터 오해를 피하고자, 순수하게 이념적인 동기의 일반적인 작용이 여기서 주장되고 있는 바의 의미를 설명하고 몇 가지를 암시함으로써 이 서론 격인 설명을 마무리하려 한다.

그와 같은 연구에서는 사회 정책적으로든, 종교적으로든, 어떤 의미로든 종교개혁의 사상 내용을 평가하려는 시도가 전혀 중요하지 않다. 우리는 우리의 목적을 위하여 종교개혁의 여러 측면을 항상 다루어야 하며, 이러한 측면들은 원래부터 종교적 의식에는 부수적인, 바로 그렇기 때문에 표면적인 것으로 보였음에 틀림이 없다. 왜냐하면 무수한 역사적인 개별 동기들로부터 성장한, 특히 '세속적으로'방향을 잡은 근대의 우리 문화의 발전이라는 조직에 종교적인 동기들이 제공한 바 있는 어떤 것을 더 분명하게 하는 일에 오로지 착수하는 것이 우리의 목적이기 때문이다. 그러므로 우리는 이러한 문화의 어떤 특징적인 내용 가운데 역사적 원인으로써 종교개혁에 영향을 준 것이 무엇인지에 대해서 오로지 물을 것이다.

이와 동시에 우리는 사람들이 경제적인 추이로부터 종교개혁을 '발전사적으로 필연적으로'연역할 수 있을 것이라고 하는 견해로부터는 당연히 벗어나지 않으면 안 된다. 그 어떤 '경제적 법칙'에도 어울리지 않고 그 어떤 양태의 경제적 관점에도 결코 어울리지 않는 무수한 역사적 상황들, 요컨대 순전히 정치적인 과정들이 새롭게 만들어진 교회들을 계속 존속시키는 데에 함께 작용했음이 틀림없었다. 하지만 다른 한편, '자본주의 정신'이 (항상 여기서 이러한 단어를 임시방편으로 사용한 의미에서) 종교개혁의 특정한 영향의 결과로써만 생겨날 수 있었다거나, 경제제도로서의 자본주의는 종교개혁의 산물임이 분명하다고 하는 것과 같은 멍청하고 교조적인 테제를 결코 옹호해서는 안 된다. 자본주의적 경영의 어떤 중요한 형태가 종교개혁보다도 훨씬 이전에 존재했다는 두드러진 주장이 주지의 사실이었다는 것은 그와 같은 시각이 틀림없이 있었다는 것을 알려주고 있다.

그래서 확정되어야 할 것은 다음과 같다. 즉 그와 같은 '정신'을 질적으로 형성하고 양적으로 확대할 때 종교적인 영향이 세계에 어느 정도로 광범위했는지, 그리고 자본주의적 토대 위에서 기인하는 문화의 어떤 구체적인 측면들이 그것에 소급될 수 있는지를 확정해야 한다. 그런데 이렇게 할 때 종교개혁 문화 시기의 물질적 토대와 사회 · 정치적인 조직형태 그리고 정신적인 형태들 사이에 서로 대립적으로 엄청나고도 복잡하게 영향을 주고받았다는 점에서 다음과 같은 태도를 취할 수가 있을 것이다. 즉 종교적 믿음의 어떤 형식들과 직업윤리 사이에 특정한 '선택의 친밀성'은 어떤 점에서 인식이 가능한지를 우선 고찰하게 될 것이라는 태도가 그것이다. 이와 동시에, 그와 같은 선택의 친밀성에 따라서 종교적 운동이 물질적 문화의 발전에 영향을 끼친 방식과 일반적인 방향을 가능한 한 분명하게 할 것이다. 그러고 나서, 이러한 것들이 명백해지면, 근대의 문화 내용이 그 역사적인 발생에 있어서 그와 같은 종교적 동기들에 어느 정도로 귀속될 수 있는지에 대한 평가가 비로소 시도될 수 있을 것이다.

금욕적 프로테스탄티즘의 직업윤리

II

II. 금욕적 프로테스탄티즘의 직업윤리

1. 현세적 금욕의 종교적 토대

금욕적 프로테스탄티즘(우리가 여기서 사용하고 있는 이 표현의 의미에서)의 역사적 담당자들은 크게 네 부류가 있다. 1) 특히 17세기 서유럽을 주요 전파지역으로 하고 있던 칼뱅주의, 2) 경건주의, 3) 감리교파, 4) 재세례(再洗禮)파 운동에서 생겨난 종파들. 이러한 운동들 가운데 그 어떤 것도 다른 운동과 절대적으로 분리되어 대립해 있었던 것은 아니며, 비 금욕적 종교개혁 교회들과 엄밀하게 분리되어 수행되지는 않았다.

감리교파는 18세기 중엽 영국 국교회 안에서 처음으로 생겨났으며, 창립자의 의도에 따르면 새로운 교회를 원했다기보다는 기존의 교회 안에서 금욕적 정신을 새롭게 환기하고자 한 것이었다. 그리고 감리교파는 발전과정에서, 특히 미국에 전도할 때 영국 국교회로부터 비로소 분리되었다. 경건주의는 칼뱅주의의 토대 위에서 영국과 특히 네덜란드에서 맨 처음으로 성장했는데, 정교(Orthodoxie)와 연결된 채로 눈에 띄지 않게 세력을 넓혀가고 있었으며, 그런 후에 17세기 말엽에 슈페너(Spener)의 활동으로 루터파에 합류함으로써 부분적으로 교의의 기초가 변하였다. 경건주의는 교회 내부의 운동으로 머물렀으며, 모라

비아(체코의 한 지역)의 동포교회(Herrnhut파)에서 후스(Jan Hus)파와 칼뱅주의 영향 아래에 친젠도르프(Zinzendorf)와 결합하여 헤른후트(Herrnhut, 독일 작센에 있는 지명으로써 친젠도르프 백작이 경건주의의 한 종파를 일으킨 곳) 방향에 함께 참여하였다. 그 방향이란 여러 종파를 형성하는 본래적인 방식의 의도와는 배치된 방식으로, 감리교파가 행했던 것과 같은 방향이었다. 칼뱅주의와 재세례파는 발전 초기에는 현저하게 분리되어 대립해 있었지만, 17세기 후반 침례교에서 서로 밀접하게 연결되어 있었으며, 17세기 초기 영국과 네덜란드의 독립 종파들에서 이미 단계적으로 이행하게 되었다. 경건주의가 보여주고 있는 것처럼 루터파로의 이행도 점차 이루어졌으며, 이와 마찬가지로 가톨릭을 가장 철저하게 신봉하는 사람들의 정신과 유사한 영국 국교회 교회와 그 외적인 특징 사이에도 그러한 것이 있었다.

가장 광범위한 의미에서 '청교도주의'라고 불리는 이러한 다의적인 뜻을 지닌 금욕적 운동은 대중 신도들한테서, 요컨대 강력하게 투쟁을 하던 그들한테서 영국 국교회의 기초를 공격받았다. 그렇기는 하지만 여기서는 대립이 차츰 격렬한 투쟁으로 변해갔다. 그리고 비록 우리가 여기서는 우선 우리의 관심사가 아닌 제도와 조직에 대한 물음을 완전히 제쳐두더라도 사태는 여전히 동일하게 남는다.

예정설과 칭의론(稱義論, Rechtfertigungslehre)에 대해서처럼 가장 중요한 교의적인 차이들은 서로 내적으로 가장 다양한 형태로 결합했으며, 17세기 초반에 이미 교회 공동체의 유지를 규칙적으로 방해하기는 했지만, 그러나 예외가 없었던 것도 아니었다. 그리고 무엇보다도 우리에게 중요하면서 도덕적인 삶의 태도를 이끄는 현상들은 매우 상이한 신봉자들, 즉 위에 적은 종파 가운데 한 종파 또는 그 종파들에 기인한 더 많은 기독교 교파들의 결합으로부터 생겨난 신봉자들한테서 동일한 방식으로 발견되고 있다.

우리는 유사한 윤리적 격률들이 여러 가지 교의의 기초와 결합할 수 있었다는 사실을 제시할 것이다. 또한 사제직을 위해서 결정적으로 영향을 준 문학적 보조수단, 무엇보다도 여러 종파의 결의론적(決疑論的) 개요들은 시간이 흐를수록 서로에게 영향을 주었으며, 사람들은 그들에게서 삶을 이끄는 실천이 공공연하게 매우 달랐음에도 불구하고 커다란 유사성이 있음을 발견하게 된다. 그러므로 우리가 윤리적 이론과 마찬가지로 교의적인 기초를 완전히 무시하고 순수하게 도덕적인 실천을, 이러한 실천이 확정될 수 있는 한에서, 견지하는 것처럼 보일 수 있을 것이다.

그럼에도 불구하고 이것은 결코 그렇지가 않다. 금욕적 도덕성의 서로 다른 여러 교의적인 뿌리는 물론 격렬한 투쟁 이후에 사멸해버렸다. 그러나 그 교의들을 근원적으로 확고하게 함으로써 나중의 '비교의적' 윤리에 강력한 흔적을 남겼을 뿐만 아니라 근원적인 사상 내용에 대한 지식을 가르쳐서 이해하게도 하였다. 이것은 마치 그러한 도덕성이 그 시대에 내면적으로 가장 풍부한 사람들을 절대적으로 지배한 내세에 대한 사상과 결합해 있었던 것과 같은데, 이러한 사상이 지닌 모든 것을 능가하는 권력이 없이는 그 당시의 삶의 실천에 강렬하게 영향을 끼친 그 어떤 도덕적 혁신도 결코 이룩할 수가 없었다.

왜냐하면 당시의 윤리적 개요들에 포함되어있는 이론적이고 공적인 어떤 가르침이-확실히 이런 것은 교회의 훈련과 사제직 그리고 설교의 영향으로 실천적인 의미를 갖는다-우리에게는 문제가 되지 않는다는 게 분명하기 때문이다. 오히려 전혀 다른 것, 즉 종교적 믿음과 종교생활의 실천을 통해서 생겨난 심리적 원동력, 삶의 태도에 방향을 알려주며 그 안에서 개인을 흔들리지 않게 하는 원동력을 탐구하는 게 중요하다. 하지만 이러한 원동력은 지난날에는 종교적 믿음이 가지고 있던 여러 관념의 특성에서도 상당한 정도로 유래하였다. 그 당시의 사람들은 겉으로 보기에 추상적인 교의들에 대해, 우리가 실천적이고 종교적인 관심사와의 연관성을 둘러보기만 한다면, 다시금 어렵지 않게 이해할 만한 그런 정도로 자신들의 측면에서 골똘히 생각하였다.

몇몇 교의를 고찰하는 데에 이르는 통로가 비신학적인 독자들에게는 반드시 수고로움을 요구할 것임이 틀림없을 것이고, 신학적 교양을 쌓은 사람에게는 황망하고 겉핥기인 것처럼 보이겠지만, 이 길은 불가피하다. 이때 우리는 역사적 현실에서 아주 가끔씩 맞닥뜨린 적이 있는 종교적 사상들을 '이상형적으로'(idealtypisch) 편집된 결론에서 보여주는 태도만을 당연히 취할 수 있을 뿐이다. 왜냐하면 역사적 현실에는 분명한 경계선을 그을 수 있는 가능성이 없기 때문에, 우리는 가장 철저한 형태들을 탐구할 때만 그 특수한 영향들과 마주치기를 희망할 수가 있기 때문이다.

16~17세기 자본주의가 최고로 발전했던 네덜란드, 영국, 프랑스 같은 문명국에서 대규모의 정치적 투쟁과 문명 투쟁을 이끌었고, 바로 그렇기 때문에 우리가 먼저 다루려고 하는 신앙은 칼뱅주의이다. 그 당시 칼뱅주의는 가장 특징적인 교의로 간주되었고 오늘날에도 일반적으로 은총 선택에 관한 교설로 간주되고 있다. 사람들은 이 교설이 종교개혁 교

회의 '가장 본질적인'교의인지 또는 '부수 현상'인지에 대해서 많은 논란을 벌였다. 그렇기는 하지만 역사적 현상의 본질에 대한 판단은 가치판단과 신앙판단이며, 그 현상에서 '관심을 끄는 것'이나 지속적으로 '가치가 충만한 것'이 무엇인가 하는 것은 말하자면 그다음 문제이다.

또는 다른 역사적 과정에 대한 그 교의의 영향으로 비롯된 인과적 의의는 역사적 책임판단이 문제가 되는 것으로 생각하게 되었다. 이제 사람들은 이 후자의 관점이 어떻게 일어났는지를 살필 것이고, 따라서 문명사적 영향에 따라서 그 교의에 전가된 의미에 대해서 물을 것인데, 이 문명사적 영향이 상당히 효과가 있었다는 점은 틀림없는 사실이다. 올덴바르네펠트(Oldenbarneveldt)가 이끌었던 문명투쟁은 그 교의 때문에 박살이 났으며, 야콥(Jakob) 1세 치하에서 영국 교회의 분열은 화해를 이루기 어려웠는데, 왕실과 청교도주의가 독단주의적으로-바로 이 교설에 관해-사이가 벌어진 이후 그러했다.

어쨌건 이 교설은 무엇보다도 칼뱅주의에서는 국가에 위험한 것으로 파악되었으며 당국의 공격을 받았다. 무엇보다 도르트레흐트(Dordrecht)와 웨스트민스터(Westminster)에서와 같은 17세기의 큰 주교회의와 무수히 많은 작은 종교회의는 자신들이 연구하는 중심에 규준이 되는 타당성을 지닌 것으로 그 교설을 끌어올렸다. 그리고 '신전지회'(ecclesia militans, 神戰之會, 싸우는 교회)의 수많은 영웅에게 그 교설은 견고한 토대가 되었으며, 18세기와 마찬가지로 19세기에도 교회분열의 원인이었고 거대하고 새로운 부흥에서는 전투의 함성을 발산하였다. 우리는 이 교설을 지나칠 수 없으며 그 내용을 먼저 배워야 한다. 왜냐하면 그 내용이 오늘날에는 더 이상 교양 있는 사람들에게 알려진

게 아니기 때문이며, 1647년 '웨스트민스터 신앙고백'문에서 알 수 있는 신뢰할만한 것이기 때문이다. 이러한 점에서 이 신앙고백은 독립파 신앙고백뿐만 아니라 침례교파 신앙고백에 의해서도 단순하게 되풀이되었다.

제9장 (자유의지에 대하여)

3절: 인간은 원죄의 나락으로 떨어짐으로써 구원을 인도하는 정신적인 선과 지극한 행복에 대한 자기 의지의 모든 능력을 잃어버렸다. 그래서 자연적인 인간은 선으로부터 완전히 외면당했으며 원죄 안에서 죽음으로써 귀의할 능력도 없고 귀의를 스스로 준비할 능력도 없다.

제3장 (영원한 신의 결정에 대하여)

3절: 신은 자신의 영광을 드러내기 위하여 자신의 결정을 통해서 어떤 사람들에게는 영원한 생명을 예정하고(predestinated), 다른 사람들에게는 영원한 죽음을 예정하였다(foreordained).

5절: 신은 세계의 창조가 이루어지기 이전에, 인류 가운데 영원한 생명으로 예정된 사람들에게 자신의 영원하고도 불변하는 결단으로 그리고 비밀스러운 결정과 자기 자의로 그리스도 안에서 영원한 영광으로 예정하였다. 그리고 이는 순수하고 자유로운 은총과 사랑에 따른 것이다. 신앙이나 선한 행위, 또는 이 둘 가운데 어느 하나에 있는 인내를 예측하는 것, 또는 피조물에 있는 무언가는 그것을 움직이게 한 어떤 조건이나 원인이 아니었으며, 모든 것은 영광스러운 은총에 대한 보상이었다.

7절: 신은 은총을 내리거나 거절하는 자신의 의지에 따른 불가해한 충고를 함으로써 그 밖의 인류를 포기하였다. 이것은 신이 자신의 피조물들을 넘어서서 무제한의 권력을 찬미하는 데로 나아가고 피조물들의 죄 때문에 그들을 치욕스럽고 노여움에 가득 차서 정리하기도 했으며, 자신의 영광스러운 정의의 대가로 삼기로 한 것이었다.

제10장 (유효한 소명에 대하여)

1절: 신은 생명으로 예정된 모든 사람을 좋아하며, 스스로 편리하게 확정한 시간에 자신의 언어와 정신으로 오직 그들만을 부르기를 좋아한다. …… 이것은 신이 차디찬 마음을 없애고 부드러운 마음을 그들에게 내려줌으로써, 그리고 그들의 의지를 새롭게 하고 자신의 전능한 힘으로 그들에게 선을 결정해줌으로써 행하는 것이다.

제5장 (신의 섭리에 대하여)

6절: 올바른 심판자로서의 신이 과거의 죄 때문에 눈을 멀게 하고 냉혹하게 대하는 죄지은 사람들과 불신자들에 관련해서는, 이들 사람의 지성이 밝아지고 마음을 감동하게 할 수 있는 은총을 빼앗아버린다. 그뿐만 아니라 신은 때로는 그들이 가지고 있던 재능도 빼앗아버리며, 그들의 파멸이 죄의 상태를 만들어내는 대상들과 관계하도록 인도한다. 게다가 신은 그들에게 욕망과 세속의 유혹 그리고 사탄이 가진 권력이라는 유혹을 넘겨준다. 그래서 신이 다른 사람들을 감동하게 하는데 사용하는 수단을 통해서조차도 그들은 부드러워지는 게 아니라 그들은 스스로 딱딱하게 굳어져 버린다.

이 교설에 대해서 "나는 지옥에 떨어질지 모르지만, 그렇더라도 이런 신은 결코 나의 존경을 받을 수 없다."고 말한 밀턴의 판단은 유명하다. 그러나 여기서 우리에게 문제가 되는 것은 교의의 가치가 아니라 역사적 위치이다. 우리는 이 교설이 어떻게 생겨났으며 칼뱅주의 신학에서 어떤 사상의 연관성을 지니고 있는지에 대해 간단하게 묻기만 하겠다. 이에 이르는 길은 두 가지가 가능했다.

종교적 구원의 감정을 나타내는 현상은, 아우구스티누스(Augustin) 이래로 기독교의 역사를 보는 바와 같이, 적극적이고 열정적으로 기도하는 위대한 사람들에게서 객관적인 권력의 독점적인 모든 작용을 더욱 확실하게 하는 감정과 결부해 있었다. 그들은 죄의 감정이 갖고 있는 섬뜩한 긴장감에서 벗어나서는 기쁨에 찬 확신의 강력한 기분을 가시적이고도 갑작스럽게 느끼게 되며, 다음과 같은 관념의 가능성을 부정해버린다. 그것이 어떠한 관념인가 하면, 이와 같이 전례 없는 은총의 선물이 자신들의 고유한 협력 덕분이라든가 자신들의 신앙과 의지의 행위 또는 질적인 것과 결부되어 있을 수 있다고 하는 관념을 말한다.

루터가 『기독교인의 자유』(Freiheit eines Christenmenschen)를 쓸 능력이 되었을 때는 최고의 종교적 천재성을 발휘하던 시기였는데, 그에게도 신의 '비밀스러운 결정'자신의 종교적 은총 상태를 위한 무조건적이고 절대적으로 유일한 원천이었다는 것은 확고부동하였다. 루터는 그 후에도 형식적으로는 이 사상을 포기하지 않았다. 하지만 이 사상은 그에게서 중심적인 위치를 차지하지 못했을 뿐만 아니라, 그가 책임 있는 교회 정치가로서 점점 '실제 정치가'로 되어감에 따라서 그 사상은 차츰 뒤로 물러나고 말았다.

멜란흐톤(Melanchthon)은 '위험하고 이해하기 힘든'이 교설을 아욱스

부르크 신앙고백에 집어넣는 일을 완전히 의도적으로 회피했다. 루터파의 교부(敎父)들에서는 은총은 상실될 수 있다고 하는 게 독단적이었으며, 참회를 통한 순종과 신의 말씀과 성만찬에 대한 신앙적인 신뢰를 통해서 은총이 새로이 획득될 수 있다고 하는 것도 독단적이었다.

칼뱅에게 있어서는 독단적인 적대자들과 격렬하게 논쟁하면서 대결을 펼치는 가운데 교설의 중요성을 확연하게 느끼면서 정반대의 과정으로 흘러갔다. 그것은 그의 『기독교 강요』(Institutio) 제3판에서 비로소 충분히 전개되어 있으며, 그의 사후에 도르트레흐트와 웨스트민스터 종교회의가 결론을 짓고자 한 대규모 문화투쟁에서 비로소 중심적인 위치를 차지하였다. 칼뱅은 바로 이 '무시무시한 결정'(decretum horribile)은 루터처럼 체험한 것이 아니라 생각해낸 것이었으며, 그렇기 때문에 오직 신의 방향으로만 나아갈 뿐 인간의 방향으로는 나아가지 않은 그의 종교적 관심의 방향에서 자신의 사상적인 결론을 더욱 확고하게 함으로써 그 중요성도 함께 증대되었다.

신이 인간을 위해 존재하는 것이 아니라 인간이 신을 위해 존재하였다. 그리고 모든 사건은-그러므로 소수의 인간만이 지복(至福, 구원)을 누리도록 명받았다고 하는 사실이 칼뱅에게는 의심의 여지가 없었다-존엄한 신의 자기 예찬을 목적으로 하는 수단으로써만 오로지 의미를 지닐 수가 있다. 지상의 '정의'라는 척도를 절대적인 규정으로 구축하는 것은 무의미하며, 신의 존엄을 손상하는 것이다. 왜냐하면 오직 신만 자유로우며, 다시 말해서 그 어떤 규칙에도 복종하지 않으며, 신이 우리에게 전해주는 것을 선이라고 생각하는 정도까지만 신의 의지가 이해되고 알려질 수 있을 것이기 때문이다.

우리는 이와 같은 영원한 진리의 단편들에만 기댈 수 있을 뿐이며, 다른 모든 것-우리의 개인적인 운명의 의미-은 근본을 탐구할 수도 없고 잘못 추측하기에 십상인 모호한 비밀에 둘러싸여 있다. 신에게서 배척받을 사람들이 자신들의 것인 운명을 받지 않으려고 하는 경우는, 마치 인간으로 태어나지 못해서 괴롭힘을 당하는 동물들의 경우와 유사한 경우이다. 왜냐하면 모든 피조물은 뛰어넘을 수 없는 심연으로 인해서 신과는 단절되어 있으며, 신이 자신의 존엄을 찬미하기 위해 다른 결정을 하지 않는 한, 신 앞에서 오직 영원한 죽음을 맞을 수밖에 없기 때문이다.

우리가 아는 것은 인간들 가운데 일부만 구원받고 다른 사람들은 저주받은 상태로 남는다는 것뿐이다. 인간의 공로 또는 죄과가 이러한 운명을 결정한다는 사실을 받아들인다는 뜻은 영원토록 확정된 절대적이고 자유로운 신의 결정을 인간의 간섭을 통해서 바꿀 수 있다고 하는, 불가능한 사상을 의미한다. 되찾은 작은 은화에 대해 기뻐하는 여인처럼, 죄인의 귀환에 대해 기뻐할 만큼 인간적으로 이해할 수 있는 신약성서의 '아버지 하나님'이었는데, 여기서는 인간의 이해를 초월해버린 존재가 되었다. 이러한 존재는 태초부터 신비한 결단에 따라서 개개인에게 운명을 부여하였고, 우주의 가장 작은 것에 대해서까지 처리를 한 그런 존재이다. 신의 의지는 불변하는 것으로 확정되어 있기 때문에, 신의 은총을 부여받은 자는 은총을 상실할 수 없으며, 이것은 은총을 거절당한 자는 결코 은총에 이를 수 없다고 하는 것과 같다.

이러한 교설이 지닌 숭고한 비인간성에는 장엄한 결론에 몰두한 세대의 분위기를 위해서는 이제 개개인의 전례 없는 내적 고립의 감정이 중요하다고 하는 귀결을 가져다주었음에 틀림이 없었다. 종교개혁시대의 인간들에게 삶의 가장 결정적인 요인인 영원한 지복에 대해서, 인간은 영원히 확정된 운명에 대항해서 고독하게 자신의 길을 걸어가야 한다고 지시받았다. 아무도 그를 도울 수가 없었다. 그 어떤 성직자도 그를 도울 수가 없었다. 왜냐하면 오직 선택받은 자만이 신의 말씀을 영적으로 이해할 수 있기 때문이다.

그 어떤 성만찬도 그를 도울 수가 없었다. 왜냐하면 성만찬은 신의 명예를 확장하기 위하여 신에 의해서 제정된 것이고, 그렇기 때문에 범할 수 없는 것으로써, 신의 은총을 받을 수 있는 수단이 아니라 주관적으로 신앙을 '외적으로 보조'하는 것이기 때문이었다. 그 어떤 교회도 그를 도울 수가 없었다. 왜냐하면 '교회 밖에는 구원이 없다'(extra ecclesiam nulla salus)는 명제가, 참된 교회와 멀어져 있는 사람은 이제는 결코 신에 의해서 선택된 사람들에 속할 수 없다는 의미에서 타당하기는 하지만, 그러나 배척당한 사람들도 (외적인) 교회에는 속하지 않으며, 그것을 통해서 지복에 이르기 위해서가 아닌-이것은 불가능하다-징벌 수단에 복종하는 것도 타당하기 때문이다.

또한 그들은 신의 명예를 위하여 신의 계율을 지키도록 강요받지 않으면 안 되기 때문이다. 결국에는 신도 그를 도울 수가 없다. 왜냐하면 그리스도는 오직 선택된 사람들을 위하여 죽었으며, 이들을 위해 신은 영원히 순교라는 죽음을 결정했기 때문이다. (루터파에서 아직 그 어떤 결론도 수행된 적이 없는) 교회의 성만찬에 따른 구원을 절대적으로 없애버린 이것은 가톨릭주의와는 다른 절대적으로 결정적인 것이었다.

세계를 마법으로부터 구해낸 위대한 종교사적 과정, 즉 고대 유대의 예언과 함께 시작되었고 헬레니즘의 과학적 사고와 결합하여 구원을 추구하는 모든 마법적 수단을 미신과 모독행위라고 쫓아내 버린 과정은 여기서 폐쇄된 것을 맛보았다. 게다가 진정한 청교도는 매장 할 때의 종교적 의식의 흔적조차 배척했으며, 노래와 음악도 없이 자신의 근친들을 매장했다. 이것은 마법적이고 성만찬 방식에 의한 구원의 효과를 신뢰하는 어떤 종류의 '미신'도 생겨나지 않도록 하기 위함이었다.

신이 배척하기로 결정을 내린 사람에게는 은총을 베푸는 그 어떤 마법적 수단도 결코 존재하지 않았다. 모든 순수한 피조물 특유의 무가치함과 무조건 신을 멀리하는 냉철한 교설과 결부해서 인간을 이렇게 내적으로 고립시키는 것은, 한편으로 문화와 주관적인 종교심에 있는 감각적이고 감정적인 방식의 모든 요소에 대해 절대적으로 부정적인 청교도주의의 지위를 위한 토대를 포함하고 있다. 왜냐하면 이런 요소들은 구원에 소용이 없으며 감각적인 환상과 피조물을 신격화하는 미신의 후원자이기 때문이다.

그와 동시에 모든 감각적인 문화를 원칙적으로 예방하는 토대도 포함하고 있다. 하지만 다른 한편으로 그러한 내면적인 고립화는 환상을 떨쳐버리고 비관적인 색채로 뒤덮인 개인주의의 뿌리 가운데 하나를 형성하고 있다. 과거의 청교도 국민이 지녔던 '국민성'과 제도 속에 있던 이러한 개인주의는 오늘날에도 여전히 작용하고 있는 것과 마찬가지인데, 이것은 후세의 '계몽주의'가 인간을 바라보았던 전혀 다른 방식의 시선과는 눈에 띄게 대조적이다.

우리는 은총의 선택이라는 교설이 이처럼 영향을 끼치고 있는 흔적을 현재 우리 시대에서 삶을 이끌고, 인생관이 되는 여러 요소의 현상에서 분명히 다시 발견하고 있다. 그뿐만 아니라 그 교설의 타당성이 도그마로써 이미 사라져 갔던 곳에서도 발견되고 있다. 이것은 물론 신에 대한 신뢰를 독점하는 극단적인 형태였는데, 여기서는 이것을 분석하려고 한다.

그래서 예를 들면, 요컨대 영국의 청교도주의 문학이 인간의 도움과 인간의 우정에 대한 신뢰를 종종 반복해서 경고하고 있다. 온건한 성품의 백스터(Baxter)조차도 가장 가까운 친구에 대한 깊은 불신을 충고했으며, 베일리(Bailey)는 그 누구도 신뢰하지 말고 그 누구의 체면도 손상할 줄 몰라야 한다고 직접 말했으며, 오직 신만이 신뢰할 수 있는 존재라고 했다.

루터파와 현저하게 대조되면서 이러한 삶의 분위기와 관련해서 완전히 발전한 칼뱅주의 지역에서는 사적으로 참회하는 일이 소리소문없이 사라져버렸는데, 칼뱅 사신은 이러한 사직인 참회에 대해 가능한 성친식에 따른 오해 때문에 심사숙고를 거듭하였다. 이것은 대단히 영향력이 있는 경과 과정이었다. 우선은 이러한 종교심이 작용하는 방식의 징후가 있다. 하지만 윤리적 태도를 위한 심리적 발전을 자극하는 것으로써 그러했다.

감정적인 죄의식을 정기적으로 '진정시키는'수단이 사라져버렸다. 도덕적 일상의 실천을 위한 결론에 대해서는 여전히 언급될 것이다. 그러나 인간의 종교적인 모든 상황을 위한 결말은 분명하다. 참된 교회의 일원이 되게 하는 구원의 필연성에도 불구하고, 칼뱅주의자들이 신과 소통하는 것은 내면적으로 깊은 고립화 안에서 수행되었다. 이와 같은 그들 특유의 분위기가 지닌 특별한 작용을 느끼고자 하는 사람은 청교도들의 전체 문학 가운데 가장 널리 읽힌 책, 즉 버니언(Bunyan)의 '천로역정'(天路歷程, Pilgrim's progress)을 보면 된다.

이 책은 '기독교도'가 '부패한 도시'에 머무르고 있다는 의식을 가지게 됨으로써 취하게 되는 기독교도의 태도를 묘사하고 있는데, 천상의 도시로 지체 없이 순례여행을 떠나라는 부름을 받자 그의 아내와 자식들이 그를 붙잡지만, 그는 손가락으로 귀를 막고 들판을 가로질러 '생명을, 영원한 생명을!'이라고 외치며 허둥지둥 떠난다. 근본적으로 오직 자기 자신만의 기분을 문제 삼고, 오로지 자신의 구원만을 생각하는 청교도의 신앙심을 표현한 이것은 신앙 세계의 박수갈채를 받은, 감옥 안에서 작품을 쓰는 땜장이의 소박한 감각보다 더 세련된 것은 없다.

이것은 고트프리트 켈러(Gottfried Keller)의 '올바른 빗 제조공'(Gerechte Kammacher)을 연상시키면서 거드름을 피우는 대화, 즉 같이 노력하는 사람들과 함께 한 대화 속에 표현되고 있는 것과 같다. 그는 스스로 구원된 후에야 비로소 가족도 자신과 함께했으면 좋았을 텐데 하는 것을 깨달았다. 죽음과 그 이후에 대한 이와 같은 고통이 가득한 불안을 우리는, 될링거(Döllinger)가 우리에게 묘사해준 바와 같이 알퐁스 폰 리구오리(Alfons von Liguori)에서, 도처에서 무언가 코를 찌르는 듯이 느끼고 있다.

이것은 마키아벨리(Macchiavelli)가 플로렌스 시민의 명예에서 표현하고 있는, 자부심이 강한 현세에 대한 정신과는 매우 거리가 멀다. 여기서 플로렌스 시민의 명예란-교황과 파문에 대한 투쟁인데-'자기 영혼의 구원을 둘러싼 불안보다는 고향에 대한 사랑을 더 높게 사는'것이었다. 그리고 그것은 리하르트 바그너(Richard Wagner)가 죽음의 결투를 앞둔 지그문트로 하여금 말하게 한 "보탄에게 나의 인사를 전해주시오, 발할에게 나의 안부를 전해주시오 …… 그렇지만 당신은 발할의 차가운 희열에 대해서는 진실로 나에게 말하지 마시오."라고 한 감정과는 여전히 더욱 멀리 떨어져 있는 것은 물론이다. 단지 바로 이러한 불안의 작용들이 버니언과 리구오리에게서는 매우 특징적으로 다르다는 것은 분명하다. 리구오리에게서는 생각할 수 있는 모든 품위를 떨어뜨리는 이와 동일한 불안이 버니언에게서는 인생과 끊임없이 조직적으로 투쟁하는 데에 박차를 가하도록 만들고 있다. 이런 차이는 어디에서 오는 것일까?

사회 조직 안에서 칼뱅주의의 의심할 여지 없는 탁월함이 세상을 둘러싸고 있는 긴밀한 기반으로부터 개인을 내면적으로 해방하는 경향과 어떻게 결부될 수 있었는지는 우선은 하나의 수수께끼처럼 보일 것이다. 그래서 기이하게 보이기는 하지만, 그것은 칼뱅주의적인 신앙을 통해 개인의 신앙을 내적으로 고립시키는 압박을 받는 가운데 기독교의 '이웃사랑'을 따르지 않으면 안 되었던 특수한 색채로부터 그러한 결과가 나온 것이다. 그것은 우선 독단적인 결과를 낳았다. 세상은 오직 신의 자기 예찬에만 기여하도록 규정되어 있으며, 선택된 기독교도는 오직 자기 분야에서 신의 계율을 집행함으로써 세상에서 신의 명예를 드높이도록 규정되어 있다.

그러나 신은 기독교도의 사회적 활동을 원한다. 왜냐하면 신은 삶의 사회적 형태가 자신의 계율에 적합하기를 원하며, 그 형태가 자신의 목적에 적합하도록 그렇게 방향이 정해지기를 원하기 때문이다. 세상에서 칼뱅주의자들의 사회적 노동은 오로지 '위대한 신의 영광 안에서'행해지는 노동이다. 따라서 모두의 현세적 삶에 기여하는 직업노동은 이와 같은 특징을 지니고 있다.

우리는 이미 루터에게서 노동 분업적 직업노동이 '이웃 사랑'으로부터 도출되는 것을 발견하였다. 그러나 그에게서 더 불확실하고 순전히 구조상 사상적인 실마리로 머물러 있었던 것이 이제 칼뱅주의자들에게서는 윤리적 체계의 특징적인 부분이 되었다. '이웃사랑'은-이것은 신의 명예를 위해서만 기여해야지 피조물을 위해서는 아니기 때문에-무엇보다 첫 번째로 자연법에 의해서 주어진 직업 임무를 성취함으로써 드러나며, 동시에 고유한 물질적-비인격적 특징, 즉 우리를 둘러싸고 있는 사회질서의 합리적 형태에 기여하는 특징을 가지고 있다. 그 까닭은 성서의 계시에 따라서 그리고 자연적 직관에 따라서 인류의 '유용함'에 기여하도록 분명하게 편성되어 있는 이 우주의 놀랍도록 계획적인 형태와 조직이 신의 명예로서의 그와 같은 비인격적이고 사회적인 유용함을 위해 기여하는 데에 노동을 촉진하고, 따라서 신이 원한 바를 알도록 하기 때문이다.

다른 종교들이 없애버리는 모든 물음과 변신론(辯神論) 문제를 세계의 '의미'에 따라서 완전히 배제하는 것은 청교도들에게 있어서는-완전히 다른 이유들에서-유대인들의 경우에서와 꼭 마찬가지로 이해된다. 게다가 어떤 의미에서는 비신비적인 기독교도의 일반적인 종교성에서도 마찬가지로 이해된다. 칼뱅주의에서는 이와 동일한 방향으로 더 광범위하게 작용하는 특징이 수고로움을 아끼는 데에 덧붙여서 일어났다.

종교적 사항에서 개별자 이외에 다른 것에는 전혀 의존하지 않았음에도 불구하고 (키에르케고르의 의미에서) '개별자'와 '윤리'사이의 분열이 칼뱅주의자들에게는 존재하지 않았다. 이에 대한 이유와 이러한 관점의 의미를 칼뱅주의의 정치적, 경제적 합리주의에서 분석하는 것을 여기서는 하지 않겠다. 칼뱅주의 윤리학이 지니고 있는 공리주의적 성격의 원천은 바로 거기에 있으며, 칼뱅주의 직업개념의 중요한 특징도 바로 거기에서 유래하였다. 그렇지만 우리는 여기서 우선 다시 한번 예정설을 특별히 고찰할 것이다.

왜냐하면 우리에게 결정적인 문제는 우선 다음과 같기 때문이다. 즉 내세가 세속적인 삶의 모든 관심보다도 더 중요했고 여러 가지 관점에서 더 확실했던 시대에 이 예정설이 어떻게 지속할 수 있었는지가 결정적인 문제이다. 모든 개개인의 신자들에게 '나는 도대체 선택되었는가?', '그리고 나는 어떻게 이 선택을 확신할 수 있을까?'하는 한 가지 물음이 생겨났음에 틀림이 없으며, 이런 물음이 생겨나자마자 다른 모든 관심은 뒤로 밀려났음이 틀림없었다.

칼뱅 자신에게 조차도 이것은 전혀 문제가 되지 않았다. 그는 스스로를 '무기'(Ruestzeug)라고 느꼈으며 은총의 상태라고 확신하였다. 이에 따라서 그는 개인이 자신의 선택을 무엇을 통해서 확신할 수 있느냐는 물음을 제기하고, 근본적으로 다음과 같은 대답을 하였다. 즉 우리는 신이 결정하는 지식과 참된 믿음을 통해 얻게 된 그리스도에 대한 굳건한 신뢰로 만족해야만 된다. 다른 사람들이 선택되었는지 버려졌는지를 그들의 태도에서 알 수 있다고 하는 것은 신의 비밀로 침입해 들어가서 측정하려는 시도라고 함으로써, 그는 원칙적으로 인정하지 않았다.

선택된 사람들은 현세에서 버려진 사람들과 외적으로 아무것도 구별되지 않으며, 또한 선택된 사람들의 모든 주관적인 경험은-'성령의 장난'(ludibria spiritus sancti)으로써-'마지막까지'신앙을 굳건하게 신뢰하는 경우를 제외하면, 버려진 사람들에게서도 가능하다. 선택된 사람들은 그러므로 신의 보이지 않는 교회이며, 계속 그렇게 남을 것이다. 모방자들-이미 베자(Beza)도-은 자연스럽게 완전히 달랐으며, 무엇보다 광범위한 평신도 계층이 그랬다. 이들에게는 은총의 상태를 인식할 수 있다는 의미에서 '구원의 확실성'(certitudo salutis)이 절대적으로 중요한 의미를 가지지 않으면 안 되었으며, 그래서 예정설이 확고한 지반을 가진 지역 어디에서나 사람들은 자신이 '선택된 자'(electi)에 속하는지를 알 수 있는 확실한 특징이 존재하는 어떤지를 묻는 일이 계속 생겨났다.

종교개혁파 교회의 기반 위에서 처음으로 성장한 경건주의의 발전에서만 이러한 문제가 지속해서 핵심의 의미를 가졌던 것은 아니며, 어떤 의미에서는 경건주의에서 이따금 바로 본질적인 것이기도 했다. 또한 우리가 정치적이고 사회적으로 종교개혁파의 성찬식 교설과 성찬식 실천의 의미를 고찰할 때, 우리는 경건주의 바깥에도 어떤 역할이 있었다는 것에 대해 언급하게 될 것이다. 그 역할이란, 즉 개인의 은총 상태를 확정할 수 있다는 것은, 예를 들어 성찬식에 개인의 참여를 허락하느냐 하는 문제, 다시 말해서 참여자의 사회적 지위에 결정적으로 중심이 되는 제식 행위에 개인의 참여를 허락하느냐 하는 문제가 17세기 동안에 수행된 역할을 말한다.

자신의 은총 상태에 대한 문제가 나타나는 한, 적어도 칼뱅에 있어서 정통 교리에 대하여 은총이 인간에게서 작용하게 하는 확고한 신앙의 자기 확증을 지시하는 일이 결코 공식적이지는 않은 원리로 남는다는 것은 불가능하였다. 가는 곳마다 그 교설에 의해서 생겨난 고통과 관계한 사제직을 실천하는 일이 무엇보다도 어려웠다. 사제직을 실천하는 일은 여러 방식으로 나타나는 이와 같은 어려움에 순응하는 일이었다. 이런 만큼 은총의 선택에 대한 해석이 변경되고 온건해지거나 원칙적으로 포기된 것이 아닌 한, 요컨대 사제직을 수행하는데 충고가 되는 두 가지 상이한 유형이 결합하여 특징적으로 출현하였다.

한편으로 그것은 스스로를 선택된 자로서 간주하게 하고 모든 의심은 악마의 유혹이기 때문에 물리쳐야 한다는, 단적으로 의무로 삼게 되었다. 왜냐하면 자기 확실성이 결여된다는 것은 신앙이 부족해서 그러하며, 따라서 은총이 제대로 작용하지 않아서 그러하기 때문이다. 그러므로 자신의 소명을 '확인하라'는 사도의 권고가 여기서는 의무로써, 일상적인 투쟁에서 자신의 선택과 정당화에 대한 주관적인 확신을 획득하는 의무로써 해석된다.

만일 죄인들이 회개하여 신에게 속마음을 털어놓는다면, 루터가 약속한 순종적인 죄인들의 자리에는 자기 자신을 확신하는 회개한 '성인들'이 그 자리를 차지하게 된다. 우리는 이 성인들을 자본주의 영웅시대의 강철 같은 상인들에게서 그리고 현재에 이르기까지의 개별적인 실례에서 다시 발견하고 있다. 그리고 다른 한편으로, 자기 확신에 도달하기 위한 탁월한 수단으로써 끊임없는 직업노동이 엄격하게 권고되었다. 직업노동, 오직 직업노동만이 종교적인 의심을 몰아내고 은총의 상태에 대한 확신을 제공할 것이다.

그렇지만 세속적인 직업노동이 이와 같은 효과를 가져올 수 있다는 것-말하자면 종교적인 불안 감정을 해소하는 데 적합한 수단으로 작용할 수 있다는 것-은 그 근거를 종교개혁파 교회에서 촉진된 종교적 감정의 깊이 있는 고유한 특질에 그 근거를 두고 있다. 이러한 고유한 특질이란 루터파와의 대립 속에서 정당함을 보여주는 신앙의 본성에 관한 교설에서 가장 분명하게 드러난다. 이와 같은 차이는 슈네켄부르거(Schneckenburger)의 뛰어난 연속강의에서 정교하게 분석되어 있으며, 모든 가치판단을 보류함으로써 순수하게 사실적으로만 분석되어 있다. 그래서 이어지는 짧은 서술은 본질적으로 그것을 간단히 묘사하는 것과 연결될 수가 있다.

루터파의 깊은 신앙이, 요컨대 이 신앙이 17세기 동안에 발전한 것처럼, 최고의 종교적 체험을 향해 매진했다는 것은 신성함과의 '신비로운 합일'(unio mystica)을 일컫는다. 종교개혁파 교설의 이러한 표현에서는 알려져 있지 않던 그 표식이 이미 암시하고 있는 것처럼, 실체적인 신의 감정이 중요하다. 즉 그것은 독일 신비주의자들이 행한 명상 작용과 질적으로 같은 방식인 신적인 것이 실제로 믿는 자의 영혼 안으로 들어오는 느낌을 말한다. 또한 그것은 신 안에서 인식을 얻는 데 대한 동경을 충족시키는 것을 목적으로 하는 수동적 성격을 통해서, 그리고 이러한 성격이 가진 순전히 기분에 따른 내면성이라고 특징지어져 있다.

그런데 그 자체적으로 신비적인 경향을 지닌 종교성은-철학의 역사에서 알 수 있는 것처럼-경험적으로 주어진 영역에서 실재론적으로 각인된 현실 감각과 매우 잘 결합하여 있으며, 변증법적 교리를 거부함으로써 현실 감각을 직접 뒷받침하고 있다. 그뿐만 아니라 신비주의는 합리적인 삶의 태도에 간접적으로 기여할 수도 있다. 그렇지만 세상에 대한 신비주의의 관계는 외적 활동의 긍정적 가치를 자연히 결여하고 있다. 그런데 루터파에는 그 밖에도 '신비로운 합일'이 원죄로 인한 품위 없는 깊은 감정과 결합하여 있는데, 이러한 감정이란 면죄를 위해 필요한 겸허함과 소박함을 유지하는 데에 방향이 맞추어진 루터파 교도의 '매일 회개하라'라는 말을 주의 깊게 보존해야만 했다.

이에 반해 종교개혁파 특유의 종교성은 순전히 내면으로 향한 루터파의 감정적 신앙심과 같은 파스칼(Pascal)의 정관적(靜觀的) 신비주의를 처음부터 거부하면서 대립해 있었다. 신적인 것이 인간의 영혼에 실제로 파고든다는 것은 신의 절대적 초월성으로 인해서 모든 피조물에서 배제되었다. "유한은 무한을 담을 수 없다."(finitum non est capax infiniti) 오히려 신의 은혜를 받은 사람들과 신과의 공동체는 신이 이들 안에서 작용하고(operatur) 이들이 신을 의식하게 되었을 때 생겨날 수 있고 또 의식될 수가 있다.

그러므로 그들의 행위는 신의 은총을 통해서 작용한 신앙에 기인하며, 이러한 신앙은 다시금 그 행위의 질적인 것을 통해서 신에 의해서 작용한 것으로써 정당한 것으로 인정된 것이다. 더 깊이 있게 들여다보자면, 어쨌거나 모든 실천적 종교성을 분류하는 것으로 여겨지고 결정적으로 구원의 상태에 대해 구별하는 것은 다음과 같이 표현될 수 있다. 즉 종교적인 거장(巨匠)은 자신의 은총 상태를 확신하는 방법으로 스스로를 그릇(Gefäß)으로 느끼거나 스스로를 신적 권력의 도구라고 느끼거나 함으로써 확신할 수가 있다.

전자의 경우 그의 종교생활은 신비적 감정을 지닌 문화의 경향으로 기울어지며, 후자의 경우 금욕적으로 행동하는 경향으로 기울어진다.

루터는 전자의 유형에 가까우며, 칼뱅주의는 후자에 속한다. 종교개혁파들도 '신앙만으로'(sola fide) 천국에 가기를 원했다. 그러나 칼뱅의 견해에 따르면 모든 단순한 감정과 기분은 매우 탁월한 것으로 보일 수 있어서 믿을 수 없기 때문에, 구원의 확실성을 확실한 토대로 삼을 수 있기 위해서는, 신앙이 스스로 객관적 작용에서 진실임을 증명하지 않으면 안 된다.

신앙은 '유효한 신앙'(fides efficax)이어야만 하며, 구원에 이르는 소명은 '유효한 소명'(사보이 선언의 표현)이지 않으면 안 된다. 그런데 만일 사람들이 종교개혁파들은 도대체 어떤 성과를 이루어야만 올바른 믿음을 아무런 의심도 없이 알 수 있는지를 묻는다면, 신의 명예를 증대시키는 데에 기여하는 기독교도의 삶의 방식에서라고 대답할 것이다. 무엇이 거기에 기여하는지는 직접 성서에 계시되어 있는 것에서 이끌어 낼 수 있거나, 간접적으로는 신에 의해서 만들어진 합목적적인 세계의 질서로부터 명백하게 그 의지를 이끌어 낼 수 있다.

특히 자신의 영혼의 상태와 성서에 따라서 선택된 자들, 예를 들어 족장의 영혼의 상태를 비교함으로써 사람들은 자신의 은총 상태를 제어할 수가 있다. 선택된 자만이 실제로 유효한 신앙을 가지고 있으며, 다시 태어날 수가 있고, 이렇게 재탄생에 이어서 자신의 전 생애를 신성하게 함으로써 신의 명예는 단지 껍데기 만으로가 아니라 실제로 선행을 통해서 더욱 증대될 수가 있다. 또한 선택된 자는 자신의 변화가-적어도 근본 성격과 확고한 의도에 따라-신의 명예를 증대시키는 데 이바지하는 자신 안에 살아있는 힘에 근거를 두고, 따라서 신이 원한 것일 뿐만 아니라 무엇보다도 신의 작용에 의한 것이라는 사실을 의식함으로써, 자신은 최고선에 도달하며, 이 최고선에 도달하기 위해 종교심은 노력하는데, 이 최고선은 바로 은총의 확실성을 말한다.

이러한 종교심이 도달한 것은 고린도 후서 제13장 5절에 증명되어 있다. 그러므로 선한 행위가 구원에 도달하기 위한 수단으로 쓰이는 데에는 절대적으로 부적합하다. 왜냐하면 선택된 자는 피조물로 남기 때문이며, 그가 행하는 모든 것은 신의 요구와는 뒤쪽으로 무한히 떨어져 있기 때문이다. 그래서 선한 행위는 신에 의한 선택을 표시하는 것으로써는 반드시 필요하다. 선한 행위는 대가를 치르고서 구원을 얻기 위해서가 아니라 구원을 둘러싼 불안을 없애주는 기술적인 수단이다. 이와 같은 의미에서 선한 행위는 때로 직접 '구원에 이르는 불가피한'것으로 표시되거나 '구원을 얻음'이 선한 행위와 결부되는 것이다.

그런데 이것은 실천적이고, 근본적으로 신은 스스로 돕는 자를 돕는다는 의미이며, 따라서 때로 표현되고 있는 것처럼 칼뱅주의자는 자신의 구원을-정확하게 말하면 구원에 대한 확신을-스스로 '만들어낸다.' 그렇지만 이러한 창조는 가톨릭에서처럼 개인의 업적을 차츰차츰 쌓는 데에 기인할 수 있는 것이 아니라, 항상 선택되었느냐 버림받았느냐 하는 양자택일의 체계적인 자기 통제에서 성립할 수 있다. 이로써 우리는 우리가 고찰하는 데 있어서 매우 중요한 지점에 도달했다.

주지하다시피 종교개혁파 교회와 종파들 내부에는 명료함이 점점 확실해지면서 부각되는 루터파 측의 사유 과정에 '행위의 신성함'을 비난하는 일이 차츰차츰 심해졌다. 그렇게 되자마자-가톨릭 교설과 자신들의 독단적 입장을 동일시 한 것에 대해 공격받은 측의 항변은 정당했다-종교개혁파 평신도들의 일상생활을 위한 실천적인 효과가 그것으로 인해서 정당하다고 생각되었다.

왜냐하면 칼뱅주의가 자신의 신도들에게서 산출해낸 것보다 도덕적 행위를 종교적으로 평가하는 더 강력한 형태가 분명히 결코 존재하지 않았기 때문이다. 하지만 '행위의 신성함'이라는 방식의 실천적 중요성을 위해서 결정적인 것은 다음과 같은 특질을 인식하는 것인데, 그 특질이란 그에 상응하는 삶의 태도 방식을 특징짓고 중세 평신도들의 일상과는 구별된 것을 말한다. 사람들은 그것을 분명히 다음과 같이 정식화하려 할 것이다.

중세 가톨릭의 평균적인 평신도는 윤리적인 견해에서 소위 '그날그날 근근이 입에 풀칠하며 살아갔다.' 그들은 전통적인 의무를 우선적으로 성실하게 수행했다. 하지만 그들이 그것을 넘어서 행한 '선한 행위'는 보통은 필연적인 관련이 없는 그리고 적어도 생활체계에 필연적인 방식이 아닌 일련의 합리화된 개별적 행위로 머물고 말았다. 이러한 개별적인 행위를 그 평신도는 때에 따라서 구체적인 죄를 사하는 데에 또는 사제의 영향 하에서나 자기 삶의 마지막쯤에 가서 어떤 보험료를 내는 것으로 수행하였다.

물론 가톨릭의 윤리는 '심정'(Gesinnung)윤리였다. 그러나 개별적 행위의 구체적 '의도'(intentio)가 그러한 가치를 결정하였다. 그리고 개별적인-선하거나 악하거나-행위는 행위를 하는 자에 의해서 평가되어 자신의 일시적인 운명과 영원한 운명에 영향을 주었다. 인간은 절대적으로 분명하게 결정된 그리고 가치가 평가될 통일체가 아니라, 오히려 그의 도덕적인 삶은 (보통은) 투쟁적인 동기들의 영향을 종종 받으면서 매우 모순적인 태도를 보인다는 사실을 교회는 완전히 현실적으로 계산했다.

가톨릭 교회가 인간에 대해서 이상(Ideal)으로서 삶의 원칙적인 변화를 요구한 것은 확실했다. 그러나 이 교회는 바로 이러한 요구를 (평신도들을 위해서) 교회의 가장 중요한 권력수단과 교육수단을 통해서 다시금 약화시켜버렸다. 이러한 수단이 가진 기능이란 가톨릭 신앙이 가지고 있었던 가장 내적인 특성과 깊게 결부된 고해성사를 말한다.

'마법으로부터 세계 해방', 즉 구원의 수단으로서의 마법을 배제하는 일은 가톨릭의 신앙심에서는 청교도의 (그리고 그 이전에는 오직 유대교에서만) 종교성처럼 그렇게 수미일관하게 수행되지는 않았다. 가톨릭 신도들에게는 자기 교회 성찬식의 은총이 자신에게 부족한 것을 메꾸어주는 수단이었으며, 사제는 변화의 기적을 성취하여 천국행 열쇠를 손에 쥐여준 마법사였다. 사람들은 후회와 참회를 함으로써 사제에게 문의를 할 수가 있었고, 사제는 사람들에게 속죄와 은총에 대한 희망 그리고 면죄의 확신을 심어주었으며, 이로써 칼뱅주의자들에게 불가피한 운명과 아무것도 완화시킬 수가 없었던 운명의 엄청난 긴장에 대한 부담을 덜어주는 일이 지속하기도 하였다.

칼뱅주의자들에게는 그러한 친절하고 인간적인 위안이 존재하지 않았으며, 가톨릭과 루터파 신도들과는 다른 시간에 선한 의지를 통해 고양됨으로써 무능함과 경솔함의 시간을 청산할 희망도 품을 수가 없었다. 칼뱅주의의 신은 칼뱅주의자들에게 개인의 '선한 행위'를 요구한 것이 아니라 체계로까지 끌어올려 진 신성한 행위를 요구하였다. 죄, 후회, 참회, 면죄, 새로운 죄 사이를 오르내리는 가톨릭의 순전히 인간적인 동요에 대해서 또는 일시적으로 벌을 줌으로써 속죄하거나 교회의 은총을 수단으로 삼아서 전 생애의 부채를 갚을 수 있다는 말은 그 어디에도 없었다.

그래서 일상인의 윤리적 실천은 계획도 없고 체계도 없던 것을 벗겨내고 전체 삶을 이끄는 수미일관한 방법의 형태를 갖추어나갔다. '방법주의자'라는 명칭이, 17세기에 의미상 '엄격주의자'라는 명칭과 철저히 동일한 가치가 적용되었던 그들의 정신적 선조들과 마찬가지로, 18세기 청교도 사상의 최종적이고 위대한 부흥을 짊어진 자들에게도 붙여졌다는 사실은 결코 우연이 아니다. 왜냐하면 모든 순간 행위를 함에 있어서 전 생애의 의미를 근본적으로 바꿀 때만 인간을 자연 상태에서 해방시키는 것으로써 은총의 작용이 은총을 받은 상태로 확증될 수가 있었기 때문이다.

'성인들'의 삶은 오로지 초월적 목적, 즉 구원을 겨냥하고 있었지만, 바로 그렇기 때문에 그들의 현세적 삶의 과정은 철저하게 합리적이었으며 지상에서 신의 명예를 드높인다는 배타적인 관점에 의해 지배를 받았다. 그리고 '모든 것은 신의 영광을 더하기 위해'(omnia in majorem dei gloriam)라는 관점과 더불어 이보다 더 강하고 진지했던 적은 결코 없었다. 그러나 오로지 지속적인 반성을 통해서 수행된 삶만이 자연 상태를 극복하는 것으로 간주될 수 있었다. 데카르트(Descartes)의 "나는 생각한다. 그러므로 나는 존재한다."(cogito ergo sum)라는 말은 이와 같은 윤리적 의미변화를 통해 동시대의 청교도들에 의해서 수용되었다. 그런데 이와 같은 합리화는 종교개혁파의 경건성에 특수한 금욕적 상태를 부여했으며, 가톨릭에 대해 청교도들이 특별히 대립한 것과 마찬가지로, 그들의 내적인 친밀성을 근거지우기도 하였다. 그 까닭은 가톨릭에는 이와 유사한 것이 당연히 그렇게 낯설지 않았기 때문이었다.

기독교적 금욕이 외적인 현상뿐만 아니라 의미상 최고로 다양한 방식을 내포하고 있었다는 것은 의심의 여지가 없다. 그러나 서양에서는 기독교적 금욕이 이미 중세에는 최고의 형태로 철두철미하게 그리고 고대에는 여러 현상으로 합리적인 성격을 갖추고 있었다. 동양의 수도생활과는 대조적으로 서양에서 수도사의 삶이 세계사적으로 의미가 있는 것은-하지만 전체가 아니라 일반적인 유형에서-바로 여기에 기인하는 것이다.

기독교적 금욕은 원리상 이미 성 베네딕트 교단의 규율에서, 클루니 교단에서는 더욱더, 시토 교단에서는 그보다 더, 그리고 마지막으로 결정적으로는 예수회에서 무계획적인 세상으로부터의 도피에서 벗어나고 자학적인 태도에서 대가답게 벗어났다. 그것은 체계적으로 완성되어 합리적으로 삶을 인도하는 방법이 되었으며, 자연 상태를 극복하려는 목표가 있었다. 또한 그것은 비합리적 충동의 힘으로부터 그리고 세계와 자연에 대한 의존으로부터 인간을 벗어나게 하고, 계획적인 의지의 패권에 굴복시켜서, 인간의 행위를 영속적으로 자기 통제를 하게 하여 금욕의 윤리적 효과를 숙고하도록 한다. 그래서 수도사를 객관적으로 신의 왕국에 봉사하는 노동자로 교육하고, 이를 통해서 다시 주관적으로 자기 영혼의 구원을 확신하게 할 목표가 있었다.

이러한-능동적-자기 지배는, 성 이그나티우스(Ignatius)의 수행의 목적처럼 그리고 수도사들의 합리적인 덕목들이 가진 최고 형식의 목적처럼, 그렇게 청교도주의의 실천적인 삶의 이상을 위해 결정적인 것이었다. 이미 청교도 순교자를 심문한 보고서에서는 귀족 신분의 고위 성직자와 관리들이 깊은 경멸감을 가지고 당황하여 소리치는데, 이는 청교도 신봉자가 냉정하고 조심성 있게 침착함을 유지하고 있는 것에 대해 반론을 제기하는 것이며, 이러한 사람들은 오늘날의 영국인과 영국계 미국인에게 있어서 신중하게 자기 통제를 하는 '신사'(gentleman)로 평가받는 사람들의 최고 유형에서 찾아볼 수 있다. 친숙한 언어로 표현하면, 청교도의 금욕은 '합리적인'모든 것처럼 인간에게 불변의 동기들, 특히 금욕 자체를 체계적으로 연습시키고 가르쳐서 흥분에 대비해서 불변의 동기들을 주장하고 관철할 수 있는 능력을 길러주는 데에 몰두했다.

그러므로 금욕은 이처럼 단어의 형식적이고 심리적인 의미에서 인간을 '인격체'가 되도록 교육하는 데에 몰두했다. 깨어 있고 명민하며 의식 있는 삶을 이끌 수 있다는 것은 많은 대중적인 생각과는 반대로-충동적으로 삶을 누리는 것에 공평무사한 태도를 보이는 것을 근절하는 것이 시급한 과제였다-그것을 신봉하는 사람들의 삶을 질서정연하게 만드는 금욕의 가장 중요한 수단이자 목표였다. 이렇게 결정적인 모든 관점은 가톨릭 수도사들의 규율에서만 발견되는 것이 아니라 칼뱅주의자들의 삶을 인도하는 원칙들에서도 분명하게 드러나 있다. 이들 양자에서 전체 인간을 이렇게 방법적으로 파악하는 데에 그들이 세상을 지배하는 엄청난 권력이 기인하고 있으며, 특히 루터파와는 대조적으로 칼뱅주의에서 '투쟁하는 교회'(ecclesia militans)로서의 프로테스탄티즘의 존립을 확실하게 하는 권력이 뿌리를 두고 있다.

다른 한편, 칼뱅주의 금욕과 중세 금욕의 대립이 어디에 있었는가는 분명하다. 그것은 '복음적 권고'(consilia evangelica)가 탈락하고 금욕을 순수 세속적인 금욕으로 변형시킨 데에 있었다. 마치 가톨릭의 내부에는 '방법적인' 삶이 수도원의 사실(私室)에 제한되어 있었던 게 아니었던 것처럼 말이다. 이것은 결코 이론적이 아니었으며 또한 실천에서도 마찬가지로 그런 경우가 아니었다. 오히려 그것은 가톨릭의 더 위대한 도덕적 겸손-가톨릭은 이 도덕적 겸손을 세속적인 삶을 위해서도 보여준 바가 있다-에도 불구하고 윤리적으로 체계가 없는 삶은 최고의 이상에 도달하지 못한다는 것을 강조한 것이다.

예를 들면, 성 프란시스코의 제3회는 일상생활을 금욕적으로 관철하려는 방향으로 온 힘을 다했으며, 주지하다시피 이게 유일한 것은 아니었다. 물론 『그리스도를 계승해서』(Nachfolge Christi)와 같은 저술들은 강력한 방식을 갖춘 영향력을 통해서, 즉 이런 저술들에서 설교하는 삶을 인도하는 방식이 최소한의 것에 만족하는 일상의 도덕과는 대비되는 더 높은 수준의 도덕으로 느껴지는 그러한 영향력을 보여주고 있다. 그리고 이러한 일상적인 도덕이 청교도주의가 이미 고수하고 있던 것과 같은 척도로는 측정되지 않았다.

교회의 어떤 제도의 실천은, 무엇보다도 종교개혁시대에 지엽적인 오용이 아니라 단적으로 결정적이고 근본적인 해악으로 받아들여졌던 것으로서의 면죄라는 제도의 실천은 세속의 체계적인 금욕의 실마리들을 점점 더 어긋나게 해버렸음에 틀림이 없었다. 하지만 결정적인 것은 다음과 같다. 종교적인 의미에서 방법적으로 살아가는 사람은 특히 탁월한, 바로 그렇기 때문에 수도사뿐이었으며, 따라서 금욕은 개인을 철저하게 파악하면 할수록 일상생활로부터 개인을 밀려나게 할 수밖에 없었다.

왜냐하면 바로 세속적인 도덕성을 능가하는 곳에 특수하게 성스러운 삶이 있었기 때문이다. 이것을 맨 처음-그리고 어떤 '발전 경향'에 대한 집행자로서가 아니라 전적으로 개인적인 경험 때문에 처음에는 실제적인 성과에서 여전히 흔들리다가, 그다음에는 정치적인 상황에 의해 계속 압박을 받음으로써-루터는 제외했으며, 칼뱅주의는 그것을 루터로부터 단순히 넘겨받기만 했다. 이와 같은 방식의 종교성에는 사실상 이미 세바스티안 프랑크(Sebastian Franck)가 이제 모든 기독교도는 자신의 전 생애를 수도사로서 보내지 않으면 안 된다고 하는 것에서 종교개혁의 의미를 찾았던 핵심이 들어 있었다. 세속의 일상생활로부터 금욕이 흘러넘쳐 나가버리는 곳에 댐이 건설되었으며, 지금까지 수도사들에게 최고의 대표성을 제공했던 저 열정적이고 진지한 내면적인 본성이 이제는 세속의 직업생활 안에서 금욕적인 이상을 추구한다는 것을 가리키게 되었다.

하지만 칼뱅주의는 발전과정에서 어떤 긍정적인 것, 즉 세속의 직업생활에서 믿음을 증명할 필요가 있다는 사상을 덧붙였다. 이와 더불어 칼뱅주의는 종교적으로 삶의 방향을 정한 광범위한 계층들에게 금욕에 이르는 적극적인 추진력을 제공했으며, 그래서 예정설에 대한 윤리적 토대가 마련됨으로써 수도사들의 정신적 귀족주의 자리에 세상 바깥에 있고 세상을 초월해 있는 정신적 귀족주의가 들어서게 되었다. 그런데 이러한 귀족주의란 신에 의해서 영원히 예정된 세상의 신성함을 지닌 귀족주의를 말한다. 또한 그것은 불멸의 특성을 보이고 있었으며 원칙적으로 없애기 어렵고 불가시성이라는 특성 때문에, 영원히 버려진 인류와는 단절되어 있었다.

이것은 외적으로는 세상과 단절되어 있었던 중세의 수도사들이 매우 첨예하게 사회적인 모든 감정을 잘라 내버린 단절을 의미한다. 왜냐하면 선택된 자, 그렇기 때문에 성도가 된 자들의 신의 은총에는 이웃의 죄악에 직면하여 자신의 나약함을 의식하면서 자비로운 도움의 손길을 주는 것이 적합한 것이 아니라, 영원한 배척의 표식을 지닌 신의 적으로서 그들을 증오하고 멸시하는 것이 적합하다. 이와 같은 감정의 방식은 상황에 따라 종파를 형성하는 것과 만나는 상승효과를 나타낼 수가 있었다.

이것은-17세기 독립파의 추세에서처럼-신의 명예를 위해서는 배척된 사람들을 교회를 통해서 율법에 복종시킬 것을 요구한 칼뱅주의의 순수한 신앙이, 신으로부터 배척된 사람들이 자신의 집단에서 구원할 수 없는 상태로 있고 그리고 이들이 성찬식에 참여하거나 심지어-성직자로 임명되어-성찬식을 주재할 경우에는, 신을 모욕한 것이라고 확증함으로써 가능한 경우였다. 따라서 한마디로 말하면, 칼뱅주의 침례교도의 경우에서처럼, 도나투스파의 교회 개념이 증명을 해주는 사상의 결과로써 머리에 떠오르는 경우이다.

그래서 구원이 확증된 공동체로서의 '순수한'교회를 필요로 하는 완전한 귀결이 있는 곳에는 종파가 형성되지 못했으며, 그 결과 교회 제도를 형성하는 다양한 시도가 나타났다. 그것은 부활한 기독교인과 부활하지 못한 기독교인 그리고 성찬식으로까지는 성숙하지 못한 기독교인을 구별하려는 시도이며, 부활한 기독교인에게 교회의 관리를 맡기거나 그밖에 특수한 지위를 맡기며, 부활한 사제직을 허락하려는 시도였다.

금욕적 삶의 태도에 방향을 정해줄 수 있고 또 삶의 태도가 명백하게 필요로 한 확고한 규범을 당연히 성서를 통해서 받아들였다. 더욱이 칼뱅주의가 서술한 다음과 같은 '성서 지상주의'는 우리에게 매우 중요하다. 즉 신약성서가 고취한 것처럼 구약성서는, 유대교의 여러 역사적 관계를 위해서 분명하게 규정되어 있거나 그리스도를 통해서 뚜렷하게 폐지된 한에서, 그 도덕적 명령에서 신약성서의 위엄과 동등하였다. 바로 신앙인들에게 율법은 이상으로써는 결코 도달할 수는 없었지만, 그러나 유효한 규범으로써 주어졌다.

반면 루터는 이와 반대로-근원적으로-율법에 대한 예속으로부터의 자유를 신앙인의 신적인 특권이라고 찬미하였다. 청교도들이 대부분 읽은바 있는 책 솔로몬의 잠언과 시편에 간직되어 있는, 신만을 공경하지만, 전적으로 냉철한 히브리인들의 삶의 지혜가 준 영향을 사람들은 삶의 분위기에서 느끼고 있었다. 특히 신비적인 종교성과 같은 감정의 측면을 저지하는 합리적 특징은 이미 샌포드에 의해서 구약성서의 영향이라고 정당하게 소급된 바 있다.

이러한 구약성서의 합리주의 그 자체는 본질적으로 소시민적 전통주의의 성격을 항상 띠고 있었으며, 예언자와 많은 시편의 강력한 격정과 함께했을 뿐만 아니라 이미 중세시대에 특수한 감정을 띤 종교성의 발전을 위한 연결고리를 제공했던 구성요소이기도 하였다. 그러므로 결국 칼뱅주의 고유의 근본 성격, 바로 금욕적인 근본 성격 자체가 구약성서의 경건성이 지니고 있는 것과 기질이 같은 구성요소들을 선택하고 스스로 동화된 것이다.

그런데 칼뱅주의 프로테스탄티즘의 금욕이 가톨릭 수도생활의 합리적 형식과 공통으로 가지고 있는 윤리적 생활태도를 체계화하는 것은

'엄격한'청교도가 자신의 은총상태를 계속해서 제어하는 것과 같은 방식으로 이미 순수하게 외적으로 나타나고 있었다. 죄와 유혹 그리고 은총에서 만들어진 진보를 지속적으로 또는 표의 방식으로 기록한 종교일지는 예수회에서 처음으로 시작되었으며, 근대 가톨릭의 (요컨대 프랑스의) 경건성에 의해서는 종교개혁파 교회의 열렬한 집단과 공통된 것이었다.

하지만 그것이 가톨릭에서는 완전한 참회라는 목적에 기여했거나, 또는 '영혼의 지도자'에게 남자 기독교도 내지는 (대개는) 여자 기독교도를 자신들의 권위를 가지고 지도할 토대를 제공하였다. 그리고 종교개혁파 기독교도는 그것을 기반으로 해서 스스로의 의향을 타진해보기도 하였다. 중요한 모든 도덕 신학자들에 대해서도 언급되어 있는데, 벤저민 프랭클린이 표와 통계의 방식으로 개별적인 덕성에서 자신의 흔적을 기재한 것은 지금도 여전히 그에 대한 고전적인 사례가 되고 있다.

다른 한편, 옛 중세시대 (그리고 이미 고대에) 버니언(Bunyan)에게서는 신의 장부에 관한 상(Bild)이 특별한 색채를 띠지 못한 채로 있었는데, 이것은 신에 대한 죄의 관계를 상점 주인에 대한 고객의 관계와 비교한 것이었다. 즉 한 번 빚을 진 사람은 자신이 벌어들인 모든 수익을 가지고 기껏해야 불어난 이자를 갚는 데에만 쓸 수 있을 뿐, 결코 빚 전체를 갚을 수는 없었다. 그러나 후기 청교도들은 자신들의 태도처럼 신의 태도를 제어했으며 삶의 모든 개별적인 것이 결합한 데에서 신이 조종하는 것을 보았다.

이에 따라서, 칼뱅의 진정한 교설과는 반대로, 청교도들은 신이 어찌하여 이것저것을 지시했는지를 알게 되었다. 그래서 삶을 신성하게 하는 일은 사업 경영의 성격을 거의 수용할 수 있었다. 현존하는 전체를 총명하게 기독교화한다는 것은, 루터파와는 대조적으로, 칼뱅주의가 강요한 윤리적 삶의 태도에 대한 이러한 방법론의 귀결이었다. 사람들이 칼뱅주의의 작용방식을 올바르게 이해하려고 할 때 항상 염두에 두어야 할 사항은 이러한 방법론이 삶에 영향을 끼치는 데에 결정적이었다는 사실이다. 그 결과 한편으로는 이렇게 뚜렷한 점이 이제야 겨우 영향을 줄 수 있었다는 것이 생겨나며, 다른 한편으로는 그러나 다른 신앙고백도, 즉 이 신앙고백의 윤리적 동인이 구원을 증명하는 결정적인 점에 있어서 같았다는 것이고, 같은 방향으로 작용했음이 틀림없다는 것이다.

우리는 지금까지 칼뱅주의 종교심의 토대 위에서 연구하고, 이에 따라서 청교도 윤리의 독단적 배경으로써 예정설을 방법적으로 합리적이고 윤리적인 삶의 태도 의미에서 전제하였다. 이것은 그 도그마가 모든 점에서 보면 사실은 칼뱅의 토대 위에서 엄격하게 유지되었던 종교 정당, 즉 '장로교도'라는 집단을 넘어서 광범위하게 종교개혁파 교설의 초석으로써 확정되었기 때문에 일어난 것이다. 1658년 독립교파의 사보이선언(Savoydeklaration)뿐만 아니라 1689년 침례교파 핸서드 놀리스(Hanserd Knollys)의 신앙고백도 그 교설을 포함하고 있다.

또한 감리교 내부에서도 존 웨슬리(John Wesley)는 감리교 운동의 거대한 조직적인 재능을 지니고 은총의 보편성을 신봉하는 사람이었지만, 처음 감리교 세대의 위대한 선동자이자 그 철저한 사상가였던 화이트필드(Whitefield)는 헌팅던(Huntingdon)부인을 중심으로 모여서 때때로 '특수한 은총주의'(Gnadenpartikularismus)의 신봉자로서 영향력이 풍부한 집단을 형성하였다. 그것은 압도적인 짜임새 속에서 온갖 운명이 난무하던 17세기에 신의 무기와 신의 섭리에 의해 부가된 것을 집행하던 자라는 사상을 의미한 교설이었는데, '신성한 삶'을 위해 투쟁하는 대표자의 지위를 유지했으며, 순수 공리주의적인 위선에 빠져드는 시기상조적인 쇠약함을 오로지 현세적이라고 정위함으로써 저지하였다.

이렇게 현세적으로 지위를 정립한다는 것은 비합리적이고 이상적인 목표를 위해서 그렇게 전례 없는 희생을 치를 능력이 결코 없었다는 것을 의미한다. 무조건 타당한 규범들에 대한 신앙과 절대적 결정론의 결합 그리고 독창적인 형태를 지닌 방식으로 산출해낸 초감각적인 완전한 초월성과의 결합은 동시대적으로-원리상으로-신을 도덕법칙 아래에 위치시키는, 훨씬 더 온건한 것이라고 인정된 교설이 지닌 감정보다도 대단히 '근대적인'것이었다. 하지만 무엇보다도, 반복해서 제시되겠지만, 우리는 기초적인 구원 확증 사상을 방법적 윤리의 심리적 출발점으로써 고찰해야 하는데, 이를 위해서는 은총의 선택설과 그 중요성을 일상생활에서 '순수 문화'(Reinkultur)적으로 연구해야 한다.

이와 같은 사상이 앞으로 계속 고찰될 여러 종파에서 신앙과 윤리를 결합하는 도식으로써 매우 균형 있게 반복될 것이기 때문에, 우리는 가장 철저한 형식으로서의 은총의 선택설에서 출발해야만 했다. 프로테스탄티즘 내부에는 은총의 선택설이 최초 신봉자들한테서 금욕적인 삶의 태도를 형성하도록 했던 것임이 틀림이 없는 언행일치가 있었는데, 그것은 루터파의 (상대적이고) 윤리적 무능함에 대한 가장 원칙적인 반(反)명제(Antithese)였다. 참회할 뜻이 있는 후회 때문에 언제나 다시 획득되는 루터파의 '없어질 수 있는 은총'(gratia amissibilis)은 여기서 우리에게 금욕적 프로테스탄티즘의 산물로서 중요한 것, 즉 윤리적인 모든 삶을 체계적이고 합리적으로 형성하는 것에 대한 그 어떤 종류의 추진력도 분명하게 포함하고 있지는 않다.

이에 따라서 보면 루터파의 경건성은 본능적 행위와 소박한 내적 생활의 자유로운 생명력을 단절시키지는 않는다. 그것은 불변하는 자기 통제에 대한 추진력을 결여하고 있으며, 동시에 어쨌든 칼뱅주의의 섬뜩한 교설이 포함하고 있는 바와 같이 자기 삶을 계획적으로 규제하는 것에 대한 추진력도 결여하고 있다. 루터와 같은 종교적 정신은 자유로운 세계 개방성에 대한 이러한 분위기 속에서 얽매이지 않고 살았으며 -그리고 그 정신을 흔들어 움직이게 할 힘이 충분했던 한에서-'자연 상태'로 전락할 위험도 없었다.

또한 루터파의 많은 최고 유형을 장식한 경건성이 지녔던 꾸밈없고 세련된 그리고 독특하며 정서가 풍부한 형태는 율법에서 자유로운 스스로의 도덕성과 마찬가지로 순수한 청교도주의의 토대 위에서는 드물게 발견되며, 이에 반해서 예를 들면 후커(Hooker)와 칠링워스(Chillingworth) 등과 같은 온건한 영국 교회주의 내부에서는 유사한 게 더 많이 보인다. 그러나 루터파의 일반 신도들에게는 그리고 유능한 신도들에게도, 그 영향이 자연 상태로부터 분명히 일시적으로만-개인의 참회 또는 설교의 영향이 풍부했던 한에서-강조되었을 뿐이었다. 종종 폭음과 야비한 태도로 빠져들어 갔던 루터파 영주들보다 동시대 사람들의 이목을 끈 종교개혁파 영주들의 윤리적 표준은 잘 알려져 있다. 이것은 마치 재세례파의 금욕 운동보다 루터파의 정신이 순수 설교만으로는 속수무책이었던 것과 같다.

사람들이 독일인들에게서 '따뜻함'과 '자연스러움'이라고 느끼는 것은 -사람들의 용모에 이르기까지-오늘날에도 여전히 '자연 상태'의 공정성을 근원적으로 말살해버리는 여파를 겪고 있는 영국계 미국인들의 삶에 필요한 것들과는 대조가 된다. 그리고 독일인들이 이러한 영국계 미국인들한테서 느끼는 것은 소심함, 부자유 그리고 내적인 속박인데, 이러한 것들은 독일인들에게 낯설기도 하고 독일인들의 삶의 태도와는 대조적이다. 이들의 삶의 태도란 칼뱅주의와는 본질적으로 완전히 대조적이며, 금욕적인 것이 루터파에 의해서 그들의 삶에 약하게 침투하는 데에서 유래한다.

금욕적인 것에 대해서 '현세주의자'가 지니고 있는 거침없는 반감은 그러한 감정에서 드러나고 있다. 루터파에는, 더욱이 은총설 때문에, 방법적 합리화를 강제하는 삶의 태도에서 체계적인 것에 대한 심리적 추진력이 결여되어 있다. 이러한 추진력은 경건성의 금욕적 성격을 제약하는데, 그 자체적으로는 의심할 바 없이 여러 가지 방식의 종교적 동기를 통해서 산출될 수가 있었다. 우리가 곧 살펴보겠지만, 칼뱅주의의 예정설은 여러 가능성 가운데 하나였다. 하지만 우리가 이미 확증한 것처럼, 예정설은 유일하게 완전히 철저한 방식이었을 뿐만 아니라 심리적으로도 현저하게 뛰어난 영향력을 지닌 방식이었다. 따라서 비(非) 칼뱅주의적인 금욕 운동은, 금욕의 종교적 동기화라는 관점으로 고찰해보면, 칼뱅주의의 내적인 철저함이 약화한 것으로 나타난다.

그러나 역사적 발전이라는 현실에서 사정이 철저하지는 못했지만, 대부분은 그랬다. 그래서 종교개혁파의 금욕 형태가 그 밖의 금욕운동에 의해서 모방되었거나, 아니면 그것으로부터 벗어났거나, 그것을 넘어선 원칙들의 발전에서는 비교하고 보완하면서 끌어오게 된 것이다. 그렇지만 다른 방식으로 신앙의 토대를 구축했음에도 불구하고 동일한 금욕의 결과를 낳았던 곳에서는 이것이 교회 제도의 규칙적인 결과였다. 이에 관해서는 다른 연관성에서 이야기하도록 하겠다.

역사적으로 은총의 선택이라는 사상은 어쨌든 보통 '경건주의'라고 칭해진 금욕적 경향을 위한 출발점이었다. 이러한 운동이 종교개혁파 교회 안에 포함되어 있는 한, 경건주의 칼뱅파 신도와 그렇지 않은 칼뱅파 신도 사이에 특정한 한계를 긋는다는 것은 거의 불가능하다. 청교도주의의 거의 모든 공인된 대표자들은 때에 따라서 경건주의자라고 여겨졌다. 그리고 위에서 서술한 것처럼, 주관적인 '구원의 확신'을 획득하는 데 대한 기초적인 관심을 가지고 그것을 입증하는 사상과 예정설 사이의 모든 연관성을 이미 경건주의적으로 계속해서 교육하는 칼뱅의 천재적인 교설이라고 보는 견해는 철저히 합법적이었다.

종교개혁파 공동체 내부에서, 요컨대 네덜란드에서 금욕적 신앙부흥이 생겨난 것은 일시적으로 잊혔거나 약화한 은총의 선택설이 다시 촉발된 것과 한결같이 결부되어 있었다. 그렇기 때문에 사람들은 영국에 대해서는 '경건주의'라는 개념을 거의 사용하지 않는 버릇이 있었다. 하지만 (네덜란드-라인 강 하류 지역의) 대륙 종교개혁파 경건주의도 적어도 핵심 부분에서는 베일리(Bailey)의 종교심 같은 종교개혁파 금욕을 처음에는 단순히 강화했다.

'경건을 실천'하는 데는 결정적으로 너무 강하게 강조되었기 때문에, 정교를 독단적으로 신봉하는 일은 그것을 넘어서 뒤로 밀려났으며, 때로는 아무런 관심을 받지 못하기도 하였다. 물론 때로는 독단적인 오류들이 다른 죄와 마찬가지로 예정된 자들을 엄습하기도 하였다. 그리고 이것은 스콜라 신학에 대해서 전혀 방향을 잡지 못한 무수히 많은 기독교인이 가장 분명한 신앙의 열매를 수확했다는 경험을 가르쳐주었으며, 반면에 다른 측면에서는 단순한 신학적인 지식은 변화 속에서 신앙을 결코 확증해주지는 못한다는 것을 알려주기도 하였다. 그러므로 신학적 지식에서는 신의 선택이 결코 확증될 수가 없었다.

따라서 경건주의는 신학자들의 교회(Theologenkirche)에 대한 깊은 불신을 갖기 시작했으며, 경건주의가 이 교회에-이것은 그들의 특징이다-공식적으로 속해 있기는 했지만, '경건의 실천'을 신봉하는 사람들은 세계와 분리되어서 '비밀집회'(Konventikel)에 모여들었다. 그들은 성도들의 눈에 보이지 않는 교회를 지상으로 끌어내려서 눈에 보이게 하기를 원했다. 그렇지만 종파를 형성하는 결과를 끌어내지는 못했으며, 이 공동체에 숨겨져 있는 세계의 영향을 소멸시키고 모든 개인의 삶을 신의 의지에 따라서 정위하기를 원하고, 이를 통해서 일상적이고 외적인 생활 태도의 특징에서도 개인의 부활이 확실히 있기를 바랐다.

그래서 진정으로 참회한 사람들의 '작은 교회'(ecclesiola)는-이것도 마찬가지로 특별한 모든 경건주의에 공통적이었다-더욱 강화된 금욕을 통해서 이미 이생에서 지복(至福)을 가져다주는 신과의 공동체를 원했다. 이러한 노력은 그런데 루터파의 '신비적 합일'과 내적인 유사함을 가지고 있었으며, 종교의 감정적 측면을 종교개혁파의 평균적인 기독교도들이 통상적으로 지니고 있었던 것보다 더 강력하게 보호하도록 매우 자주 이끌었다. 우리의 관점을 고려해 볼 때, 그렇다면 이것은 종교개혁파 교회를 토대로 한 '경건주의'의 결정적인 특징으로 보일 수가 있을지도 모른다.

왜냐하면 칼뱅주의의 깊은 신앙심과는 근원적으로 완전히 이질적이고, 이에 반해서 중세 종교심의 어떤 형태들과는 내적으로 유사한 감정의 계기가 실천적인 종교심을 이생에서의 지복을 향유하도록 유도했기 때문이다. 물론 이것은 미래 피안의 확실성을 둘러싸고 금욕적 투쟁을 벌이는 대신에 그러했다. 또한 이럴 때의 감정은 종교심이 직접 신경질적인 성격을 띤다는 것을 강하게 경험할 수 있었으며, 그러고 나서는 무수히 많은 예를 통해서 알 수 있듯이, 신경질환적으로 반쯤은 감정적인 상태의 변화를 강하게 경험할 수 있었다.

이것은 신경쇠약시대에, 즉 '신에게서 멀어짐'을 느끼게 되는 것으로써 종교적으로 넋을 잃게 되는 것을 의미하며, 그 효과에서는 청교도의 체계화된 신성한 삶이 사람들에게 부여한 냉정하고 엄격한 법규와는 정확하게 반대되는 것을 목표로 하였다. 즉 칼뱅주의자의 합리적인 인격을 '격정'에 직면해서 지켜주던 '심리적 압박'을 무력화시키는 것을 목표로 한 것이었다. 이와 동시에 피조물의 버림을 받음에 대한 칼뱅주의 사상은, 감정에 따라서-예를 들면, 소위 '벌레 같은 느낌'이라는 형식으로-이해하면, 직업생활에서 추진력을 없애버릴 수도 있었다.

그리고 예정설 사상도-칼뱅주의의 합리적 종교심의 순수한 경향과는 반대로-기분과 감정에 따라서 획득되는 대상이 될 때는 숙명론이 될 수가 있었다. 결국 성도들이 세상에서 은거하려는 충동이 감정적으로 더 강력해질 때 절반 정도는 공산주의적인 성격을 띠는 수도원 공동체를 조직하는 방식으로 되어갔다. 이것은 경건주의가 항상 되풀이해서 그리고 종교개혁파 교회 안에서 그런 조직을 초래한 것과 같은 방식이었다.

하지만 감정적인 것을 보호함으로써 제약된 이러한 극단적인 효과가, 따라서 종교개혁파 경건주의가 세속의 직업생활 안에서 자신들의 지복상태를 보증하려고 노력했던 한에서 경건주의적 원칙들의 실천적인 효과는 직업에서 여전히 더 엄격하고 금욕적인 생활태도를 통제하고 있었으며, 여전히 직업윤리를 종교적으로 더 확고하게 규정하였다. 이것은 '순수한'경건파에 의해서 두 번째 등급의 기독교도라고 간주된, 보통의 종교개혁파 기독교도들의 단순한 세속적인 '존경, 명망'을 발전시키고자 했을 때 그러했다.

모든 종교개혁파 금욕의 발전에서 금욕이 진지하게 받아들여지면 질수록 더욱 확실하게 두드러진 성도들의 종교적 귀족주의가 교회 안에서 비밀집회를 만드는 형태로 자신의 의지만을 내세워서-이것이 네덜란드에서 생겨난 것처럼 조직되었다. 반면에 종교적 귀족주의가 영국 청교도주의에서는 교회 제도 안에서 적극적인 기독교도와 수동적인 기독교도를 형식적으로 구별하려고 했던 부분이 있었으며, 다른 부분으로는-이미 언급한 것과 상응해서-종파를 형성하려고도 하였다.

루터파의 토대 위에서 슈페너(Spener), 프랑케(Francke), 친젠도르프(Zinzendorf)의 이름과 결부된 독일 경건주의의 발전은 이제 우리로 하여금 예정설의 토대에 관하여 꼼짝 못 하게 만들어버린다. 하지만 이것과 더불어 그 발전이 절정의 상태를 형성해낸 사상 과정의 영역으로부터 필연적으로 벗어난 것은 아닌데, 왜냐하면 특히 슈페너의 영향은 영국과 네덜란드의 경건주의를 통해서 스스로 입증되었기 때문이며, 그리고 예를 들어 초기 비밀집회에서의 베일리(Bailey)의 읽을거리에서 그것이 드러났기 때문이다.

어쨌거나 우리의 특별한 관점에서 보면 경건주의는 칼뱅주의가 아닌 영역에 오직 방법적으로 장려되고 통제된, 따라서 금욕적인 삶의 태도가 파고들었다는 것을 의미한다. 그러나 루터파는 이와 같은 합리적 금욕을 주위 환경에 맞지 않는 것으로 생각했음이 틀림없으며, 독일 경건주의 신조가 지닌 결함은 거기로부터 파생된 난관들의 귀결이었다. 슈페너에 있어서는 종교적으로 체계화된 삶의 태도를 독단적으로 기초정립하기 위하여 루터의 사유과정들이 선한 행위 그 자체로서의 종교개혁파의 특수한 특징과 조화를 이루고 있었다. 이때 선한 행위란 '신의 영광에 대한 의도'를 받들어서 기독교의 완성이라는 상대적인 정도에 도달할 가능성을 상기시키는 종교개혁파의 신앙을 부활한 자를 위하여 행한 것이다.

바로 여기에는 다음과 같은 이론의 수미일관함이 결여되어 있다. 즉 경건주의에서도 본질적인 기독교도의 생활 태도가 지니는 체계적인 성격은 (신비주의자들에 의해서 강력하게 영향을 받은) 슈페너에게 있어서 상당히 불명확하게, 그러나 본질적으로 루터파의 방식으로 묘사하려고 하는데, 구원의 확신을 신성함에서 이끌어내어서 기초를 정립하려고 한 것보다 더 확실하게 묘사하려고 한 경향이 컸다. 오히려 그것은 구원의 확증 사상 대신에, 앞에서 언급된 바 있는 방종한 루터파와 신앙의 결부를 선택한 묘사방식이다.

그러나 경건주의에서 합리적 금욕의 요소가 감정의 측면을 능가해서 유지되는 한, 우리의 관점에서는 다음과 같은 결정적인 생각들이 아주 정당하게 반복해서 강요되고 있다. 즉, 1) 자신의 신성함을 방법적으로 발전시키는 것이 은총의 상태를 좀 더 높은 수준으로, 율법에 의해 제어될 수 있게 강화하고 완성하는 데 대한 표식이라고 하는 것, 2) 신은 끈기 있게 기다리고 방법적으로 숙고하는 가운데 완성된 자들에게 암시해줌으로써, 신의 섭리가 완성된 자들 안에서 작용한다는 것.

프랑케에게서도 직업노동은 탁월한 금욕 수단이었다. 노동의 성과를 통해서 스스로를 축복한다는 신 자신은 우리가 청교도들에게서 보게 될 것처럼 확정되어 있다. 그리고 '이중적 명령'의 대용물(Surrogat)로서의 경건주의는 신의 특별한 은총에 기인하는 부활한 자들의 귀족주의를, 위에서 칼뱅주의를 기술했을 때의 심리적인 귀결을 가지고 교설을 확립한 것과 같은 본질적으로 동일하지만 아무런 생기도 없는 방식으로 관념들을 만들어내었다.

예를 들어, 경건주의의 반대자들에 의해서 이 경건주의에 (물론 부당하게) 일반적으로 책임을 돌리는 소위 '개념론'(Terminismus), 즉 은총이 보편적으로 주어지기는 하지만, 그러나 모두에게 삶의 특정한 순간에 오직 한 번만 또는 언젠가 마지막에 주어진다는 결론이 그것이다. 따라서 이 순간을 제때에 이용하지 못한 사람에게는 은총의 보편주의가 더 이상 도움이 되지 못하였다. 그는 칼뱅주의 교설에서는 신에 의해서 간과된 상태에 있는 사람이다.

이 이론의 효과에 있어서 보면 여기에는 예를 들어, 프랑케에 의해서 개인적인 체험으로부터 추상된 그리고 경건주의에서 매우 광범위하게 보급된-사람들은 흔히 지배적이라고 말한다-오로지 특수하고 일회적이며 유일한 방식의 현상들, 즉 이전의 '참회'를 통해서 '발심'(發心)을 얻을 수 있는 가정이 상당히 근접해 있었다. 경건주의 신도들의 의도에 따라서 각자가 체험을 구상한 것은 아니었기 때문에, 경건주의 명령에 따라서 야기되어서 이용되는 금욕적 방법을 경험하지 못한 사람은 부활한 자들의 눈에는 수동적인 기독교도로만 머물러 있었다.

다른 한편으로 보면, '참회 투쟁'을 일으키는 방법을 만들어냄으로써 그 효과에서는 신의 은총을 받는다는 것이 합리적 인간들을 모이게 하는 대상이 되었다. 또한 모든 경건주의자에 의해서는 아니지만-예를 들어, 프랑케에 의해서도 아니지만-많은 경건주의자에 의해서, 특히 슈페너에게서 항상 되풀이되는 질문이지만, 심지어 경건주의 목회자들도 품고 있었던, 루터파에서 그 뿌리를 파내어 없애버렸던 것에 공헌했던 사적인 참회에 대해 적대적으로 숙고해보는 일이 이러한 은총의 귀족주의로부터 생겨났다. 참회를 통해서 얻은 은총의 가시적인 작용이 성스러운 변화에서는 면죄의 허가를 결정했음에 틀림이 없으며, 따라서 그것을 승낙하기 위해서는 단순한 '참회'만으로 만족하기가 불가능하였다.

친첸도르프(Zinzendorf)의 종교적 자기 평가는 이미 정통파의 공격에 직면해서 흔들렸을 때 자기가 하는 일에 필요한 '무기'라는 관념에 항상 도달하고 있었다. 하지만 그 외에는 물론 리츨(Ritschl)이 명명한 것처럼, 이러한 유별난 '종교적 호사가'의 사상적 관점이 우리에게는 중요한 점에서 분명하게는 파악할 수 없는 것으로 보였다. 그 자신은 율법에 남아 있는 '경건주의적-야곱의'수사법에 대립하는 '바울-루터파의 수사법'의 대표자로서 반복적으로 칭하고 있었다.

그러나 교회 자체와 교회의 실천, 즉 그가 항상 강조한 루터파임에도 불구하고 허락하고 장려했던 실천은, 이미 공증인이 작성한 1729년 8월

12일의 기록에 따르면, 여러 가지 점에서 칼뱅주의 성도들의 귀족주의에 철저하게 상응했던 관점을 따르고 있었다. 그리스도에게 장로를 매우 세밀하게 논하여 전달한 것과 유사한 일이 1741년 11월 12일에 외적으로 나타났다. 이 사건도 위와 비슷한 사상을 외적으로 표현한 결과이다. 게다가 교회의 세 가지 '수사법'(Tropen) 가운데 칼뱅파와 모라비아파의 수사법은 처음부터 사실상 종교개혁파의 직업윤리를 지향하고 있었다. 친젠도르프도 청교도 방식에 따라서 존 웨슬리에 대해서, 비록 정당한 사람 자신은 항상 인식할 수 없을지라도, 다른 사람들은 자신들의 변화 방식에 대해 정당함을 인식할 수 있을 것이라는 견해를 피력하였다.

하지만 다른 한편, 헤른후터(Herrnhuter)파의 특별한 깊은 신앙심에서는 감정의 계기가 매우 강력하게 전면에 등장했으며, 특별히 친젠도르프는 개인적으로 자신이 속한 공동체 안에서 청교도적인 의미에서 금욕을 신성하게 하려는 경향을 항상 되풀이해서 방해하려 하고 행위에 의한 구원을 루터파의 방식으로 왜곡하려고 하였다. 또한 비밀집회를 거부하고 참회의 실천을 유지하는 영향 하에서 성찬식의 구원을 매개로 한 것에 대해 본질적으로 루터파의 방식이라고 생각된 구속력도 발전하게 되었다.

게다가 친젠도르프의 다음과 같은 특별한 원칙이 작용했다. 즉 종교적으로 천진난만한 감각은 자기 순수성의 특징이며, 이와 마찬가지로 예를 들어, 신의 의지가 계시하는 수단으로써 숙명을 사용하는 것은 삶의 태도에 있는 합리주의에 강하게 대립하는 것이고, 친젠도르프 백작의 영향이 미치는 한 반(反)합리주의적이고 감정에 따르는 요소들은 경건주의에서보다도 헤른후터의 깊은 신앙심에서 훨씬 더 능가하였다.

슈팡엔베르크(Spangenberg)의 '형제 신앙이라는 이상'(Idea fidei fratrum)에서 도덕성과 면죄의 결합은 대체로 루터파에서처럼 느슨했다. 감리교파의 완전성에 대한 노력을 친젠도르프가 배척하는 것은-어디에서나 마찬가지로 여기에서도-근본적으로 자신의 행복주의 이상과 상응했는데, 이 이상은 이미 현재의 인간들로 하여금 지복의 상태를 (그는 '행복'이라고 말한다) 감정적으로 느끼게 하는 것이며, 이것은 합리적인 노동을 통해서 그 자체적으로 내세를 더 확실한 것으로 안내하는 대신에 행한 것이다.

다른 한편, 다른 교회들과는 대조적으로 교회의 결정적인 가치가 기독교도의 삶의 적극성에, 전도에-이것과 연관되었던 것-그리고 직업노동에 있다고 하는 사상은 여기서도 생생하게 살아있었다. 게다가 유용성이라는 관점에서 봤을 때 삶을 실천적으로 합리화하는 일은 친젠도르프의 인생관을 구성하는 본질적인 요소였다. 그에게 있어서 이런 합리화는-경건주의의 다른 대표자들에게서와 마찬가지로-한편으로 신앙을 위협하는 철학적 사변에 대한 결정적인 혐오감과 이에 상응하는 경험적 개별 지식에 대한 애착에서, 그리고 다른 한편으로 처세에 능한 직업적 선교사들의 감각에서 생겨났다.

선교의 중심으로써 교회는 동시에 사업에 착수했으며, 구성원들을 세속적 금욕으로 이끌었는데, 이 금욕은 생활 어디에서나 먼저 '사명'(Aufgabe)에 대해서 묻고 이러한 사명을 고려하여 냉철하고 계획적으로 삶을 만들어나갔다. 사도들이 행한 선교생활의 본보기로부터 도출된, 신에 의한 은총의 선택을 통해서 선택받은 '제자들'에 있어서 사도들의 무소유에 대한 카리스마를 찬미하는 일이 거기서는 다시금 방해물로 등장하였다. 이러한 것은 결과적으로 '복음적 권고'(consilia evangelica)를 부분적으로는 최초의 상태로 되돌리는 것을 의미하였다. 칼뱅주의 직업윤리의 방식에 따른 합리적 직업윤리를 창조하는 일은 항상 제지되었는데, 이것은 이미-재세례파 운동의 변화 실례가 보여주는 것처럼-그 전에 배제된 것이 아니라, 오히려 오직 '소명을 위한'노동 사상을 통해서 내적으로 강력하게 준비를 하고 있었다.

이 모든 것에서, 만일 독일의 경건주의를 우리가 여기서 고려하고 있는 관점에서 고찰해보면, 금욕을 종교적으로 고착화하는 데 있어서 동요하는 것과 불확실함을 우리는 틀림없이 확인하게 될 것이다. 이는 칼뱅주의의 진지한 결론에 비해서 현저하게 뒤떨어짐으로써 부분적으로는 루터파의 영향에 의해서 그리고 또 다른 부분적으로는 경건주의 종교심이 지니고 있는 감정적 특징에 의해서 제약된 것이다. 왜냐하면 이러한 감정에 따른 요소를 루터파와는 대조적으로 경건주의에 특수한 것으로 정립하는 것은 대단히 일면적이기 때문이다.

하지만 칼뱅주의와 비교해서 삶을 합리화하는 강도(强度)가 당연히 필연적으로 미약했음이 틀림없었다. 그 까닭은 영원한 미래를 보장해 준다는 그리고 새로운 것에 의해서 항상 입증될 수 있는 은총 상태에 대한 사상의 내적인 충동이 감정에 따라서 현재로 방향을 전환하고, 예정된 자가 꾸준하고 효과 있는 직업노동을 하는 가운데 항상 새로운 것을 획득하려고 노력하는 자기 확신 대신에 겸손과 존재를 부정하는 것이 그 자리를 차지했기 때문이다. 이 겸손과 존재의 부정은 부분적으로는 내적 체험으로 방향을 잡은 순수한 감정의 자극에서 나온 결과이며, 또 다른 부분으로는 경건주의에 의해서 다양하게 그리고 매우 어렵게 고려하는 가운데 고찰되기는 했지만, 그렇지만 대부분은 루터파가 인내하면서 참회를 한 결과였다.

그럼에도 불구하고 실천적인 '신성화'가 아닌 '죄의 면죄'가 결정적인 것이라고 하는, 그래서 구원을 추구할 수 있다고 하는 루터파의 특수한 방식이 표명되기에 이르렀다. 따라서 미래의 (내세의) 구원에 대한 확실한 앎에 도달하고 확정하려고 합리적이고 계획적으로 노력하는 대신에, 여기서는 신과 함께 하는 속죄와 공동체를 지금 (이생에서) 느끼고자 하는 욕구가 있다. 하지만 경제적인 삶에서 현재를 즐기려는 경향이 미래를 염려하는 것에 꽉 얽매여 있는 '경제'의 합리적인 형태에 대항해서 투쟁을 벌이고 있듯이, 어떤 의미에서는 종교 생활의 영역에서도 마찬가지 관계로 일어나고 있다. 그러므로 종교적인 욕구의 방향을 현재의 내적인 감정을 자극하는 것에다 맞추는 것이, 종교개혁파 '성도들'이 내세에 방향을 맞추고 구원의 확증을 요구하는 것에 비해서, 내세의 행위를 합리화하려는 미약한 추진력을 포함하고 있다는 점은 아주 명백하다.

이 반면에 그렇게 방향을 맞춘 것은, 말씀과 성찬식에 전통주의적으로 집착하는 정통 루터파의 신앙에 비해서, 언제나 삶의 태도를 방법적이고 종교적으로 관철하는 일을 더욱 발전시키는 데에 당연히 더 적합했다는 것을 말한다. 전체적으로 보면 프랑케와 슈페너로부터 친젠도르프에 이르기까지의 경건주의는 감정의 성격을 점점 더 강조하는 가운데 활동을 하였다. 그러나 이것은 경건주의에 내재하는, 즉 그 안에서 나타난 어떤 '발전의 경향'이었던 것은 아니다. 오히려 그러한 차이는 그것을 지도하는 대표자들을 탄생시킨 종교적인 (그리고 사회적인) 환경의 결과로써 나타난 것이었다.

독일 경건주의의 고유한 특징이 사회적이고 지리학적인 확장 속에서 어떻게 나타났는지에 대해서 여기서는 논할 수도 없고 언급될 수도 없다. 우리는 여기서 청교도 성도들의 종교적인 삶의 태도에 대비해서 이 감정의 경건주의에 덮개를 덮어씌우는 일이 점진적인 이해의 과정에서 당연하게도 수행된다는 사실을 다시 한번 기억해야만 된다. 만일 차이의 실천적인 귀결이 적어도 임시로 특징지어져야 한다면, 사람들은 경건주의가 훈련한 덕성을 한편으로는 '직업에 충실한'관리, 직원, 노동자와 수공업자들이, 다른 한편으로는 비중이 매우 크고 권위적이며 신을 기쁘게 하는 고용주들이 (친젠도르프의 방식에 따르자면) 전개할 수 있었던 것보다 더 잘 나타낼 수 있을 것이다.

이것과 비교해보면 칼뱅주의는 시민적-자본주의적인 기업가의 엄격하고 정직하며 활동적인 감각에 친화력이 있는 것으로 보인나. 결국 순수한 감정의 경건주의는-이미 리츨(Ritschl)이 강조한 바 있듯이-'유한계급'(leisure class)을 위한 종교적 유희이다. 이렇게 성격을 규정하는 것은 별로 남을 게 없지만, 이 두 가지 금욕의 방향 가운데 이것이든 저것이든 영향을 받는 국민은 자신들만의 경제적인 특성을 가지면서 확실한 차이점도 가지고 있는데, 그것은 오늘날에도 여전히 위에서와 같은 특성에 상응하는 것이다.

감정에 따르면서도 동시에 금욕적인 종교심은 칼뱅주의 금욕의 독단적인 근거를 거부하거나 점점 무관심해짐으로써 대륙 경건주의에 대한 영국-미국의 대응물, 즉 감리교(Methodismus)의 성격을 띠게 되었다. 이미 명칭이 보여주듯이, 감리교 신봉자들의 고유한 특성으로써 동시대 사람들의 시선을 끌었던 것은 삶의 태도에 대한 '방법적인'(methodisch) 체계화를 구원의 확신에 도달하기 위한 목적으로 삼았다는 점이다.

왜냐하면 여기서는 처음부터 그러한 체계화가 중요했던 것이며, 종교적인 노력의 핵심이었기 때문이다. 모든 차이에도 불구하고 독일 경건주의의 어떤 방향과는 의심할 여지가 없는 유사성을 보여주고 있는데, 이것은 무엇보다도 그러한 방법이 '개종'의 감정적 활동을 야기하는 데에 특별한 전파력을 지녔다는 사실을 보여주고 있기 때문이다. 그리고 여기서는–존 웨슬리(John Wesley)에 있어서 헤른후터파 · 루터파의 영향을 통해서 고무된–감정에 따르는 것은, 감리교가 처음부터 대중의 선교에 초점을 맞추고 있었기 때문에, 정서적으로 강력한 특성을 받아들였는데, 특히 미국에서는 더욱 그러했다.

지독한 황홀에 이르는 상태에서 도취한 참회의 투쟁, 즉 미국에서는 '불안에 떠는 자리'를 특히 좋아함으로써 수행된 참회의 투쟁은 신의 부당한 은총에 대한 믿음으로 이어졌는가 하면, 동시에 직접적으로는 정당화와 속죄에 대한 의식으로 이어지기도 하였다. 그런데 이와 같은 정서적인 종교심은 결코 사소하지 않은 내적인 어려움을 겪으면서, 청교도주의에 의해서 단호하게 합리적이라고 낙인이 찍힌 금욕적 윤리와 독특하게 결합하는 것에 동의하였다. 우선 오로지 감정에 따르는 모든 것을 의심스러워하는 눈초리로 바라보면서 속임수라고 간주한 칼뱅주의와는 대조적이었다. 그러한 종교심은 근원적으로 순수하게 느낀 그리고 정신의 증거라는 직접성으로부터 유래하는 확신, 즉 은총을 받은 자의 절대적인 확신이–이것의 발생은 적어도 보통은 시일에 따라서 확정되었다-구원의 확실성에 대한 유일하고 의심할 바 없는 토대라고 여긴 것이다.

그런데 이처럼 부활한 자는 웨슬리의 교설, 즉 신성함을 위한 교의(Heiligungsdoktrin)를 철저하게 심화시켰다. 그러나 이 교의를 정통적으로 이해하는 것으로부터는 결정적으로 벗어나서 서술하고 있는 웨슬리의 교설에 따르면, 이미 이와 같은 삶에서 자신의 내부에 있는 은총의 작용에 따라 규칙적으로 분리되어 등장하고 또한 마찬가지로 종종 갑자기 내적으로 등장하는 두 번째 경과 과정, 즉 '신성하게 함'을 통해서 죄가 없다는 의미에서 완전성의 의식에 도달할 수가 있다. 이 목표에 도달하는 것은 매우 어렵지만-대부분은 삶의 마지막에 가서야 비로소 도달한다-이에 대한 노력을 무조건적이다.

왜냐하면 그것은 구원의 확실성을 최종적으로 보장해주고 칼뱅주의자들의 '불친절한' 걱정 대신에 즐거운 확실성을 지향하게 될 것이기 때문이다. 그리고 어떠한 상황에도 실제로 개종한 사람 스스로는 최소한 그 죄가 '더 이상 자신에 대해 권력을 행사하지 못한다'는 사실을 자기 자신과 타인 앞에 증명하지 않으면 안 된다. 따라서 감정의 자기 증명이 주는 결정적인 의미에도 불구하고 율법의 지시에 따른 성스러운 처신이 당연한 것으로 확정되었다.

웨슬리가 자기 시대의 행위의인(行爲義認, 선행으로 신에게 의를 인정받는 일)에 대항해 투쟁하던 곳에서 그는 옛 청교도주의 사상에 다시금 생기를 불어넣었다. 그것은 행위가 은총상태의 실제적인 근거가 아니라 인식의 근거일 뿐이라는 것이며, 이것도 오로지 신의 명예를 위해 행위를 했을 때만 그렇다는 것이다. 정확한 처신만으로 그것을 행한 것은 아니며-그 스스로 경험했던 것처럼-은총상태의 감정이 추가되지 않으면 안 된다. 그 스스로는 기회가 닿을 때마다 행위를 은총의 '조건'이라고 불렀으며, 1771년 8월 9일의 선언에서는 선한 행위를 하지 않는 사람은 참된 믿음이 없는 사람이라고 강조하기도 했다. 그리고 감리교도들이 교설에서가 아니라 경건성의 방식을 통해서 정식 교회와 구별하는 것은 항상 감리교도들 자신에 의해서 강조되었다.

'신앙'의 성과라는 의미는 대개 요한복음 3장 9절에 근거를 두고 있었으며, 품행은 부활의 분명한 표식이라고 주장되었다. 그럼에도 불구하고 많은 어려움이 따랐다. 예정설의 신봉자들이었던 감리교도들에게서는 늘 새로운 확증을 하는 가운데 금욕적 삶의 태도 자체로부터 기인하는 은총의 의식으로 구원의 확실성을 이전하는 대신에 직접적인 은총의 감정과 완전성의 감정으로 이전하는 것이 중요하였다.

왜냐하면 그럴 경우에만 일회적인 참회의 투쟁과 '백절불굴'의 확실성이 결합되었기 때문이다. 그리고 이것은 둘 중에 하나, 즉 나약한 본성을 가진 자들에게 있어서는 '기독교적 자유'의 무법주의적(無法主義的) 의미가 중요했거나, 따라서 방법적 삶의 태도가 평정심을 잃은 것을 의미했거나, 아니면 이러한 결론이 거부된 곳에서는 현기증이 날 정도로 최고조에 이른 성도들의 자기 확신, 즉 청교도적인 유형의 감정적 고양을 의미했거나, 이 둘 중의 하나와 그 확실성이 결합하였기 때문이었다. 사람들은 반대자들의 공격에 직면하여, 한편으로는 성서의 규범적 효력과 확증의 불가피성을 더욱 강조함으로써 맞닥뜨리게 된 결과를 낳았으며, 하지만 다른 한편으로는 운동의 내부에서 은총을 잃어버릴 수 있다고 가르치는 웨슬리의 반 칼뱅주의적 경향을 강화하는 데로 반대자들을 이끌었다. 교회를 매개로 하여 웨슬리를 내팽개쳤던 루터파의 강력한 영향은 이러한 발전을 강화했으며, 감리교파의 윤리성을 종교적으로 지도하는 불확실성이 증가하였다.

그 결과 결국 본질적으로-신앙의 열매로써 직접 등장하는 구세의 감정적 확실성이라는-'부활'이라는 개념만이 불가피한 기초로 확정되었으며, 자유로부터 주어지는 은총상태의 증명으로써 죄의 권력으로부터의 (적어도 잠재적인) 자유라는 귀결을 가진 구원을 시종일관하게 확정하였다. 그리고 그것은 외적인 은총의 수단, 특히 성찬식의 의미를 그에 상응하여 무가치하게 만들어버렸다. 어쨌든 '보편적 각성'이라는 것은 어디에서나, 예를 들어 뉴잉글랜드에서도 감리교의 결과로써 은총과 신의 선택에 관한 교설을 고양하는 것이라고 칭하게 되었다.

따라서 우리가 고찰하고 있는 것에 따르면 감리교는 경건주의와 유사하게 윤리에서는 기초가 흔들리는 형태로 보인다. 하지만 감리교에도 '더 고결한 삶', 즉 예정설의 일종의 대용물로서 '두 번째 축복'에 대해 노력하고 있었다. 그리고 영국을 기반으로 성장한 감리교 윤리의 실천은 감리교가 '부흥'(revival)을 원했던 종교개혁파 기독교를 철저하게 지향하고 있었다. 개종의 정서적인 활동은 방법적으로 유도되었다. 또한 감리교가 목표를 달성한 이후에는 공동체가 신과 함께 경건하게 즐기는 일이 친젠도르프의 감정에 따른 경건주의 방식에 따라서 일어난 것이 아니며, 각성한 감정이 곧 합리적 완전성을 추구하는 방향으로 수행되었다.

따라서 종교심의 정서적 성격은 독일 경건주의 방식에 따르는 내적인 감정의 기독교로 나아가지는 않았다. 이것은 죄의 감정이 별로 발전하지 못한-부분적으로 이것은 개종이 정서적으로 진행된 결과이다-것과 연관이 있었다는 점을 슈네켄부르거(Schneckenburger)가 이미 제시한 바 있으며, 이 점은 감리교를 비판하는 데에서 여전히 찾아볼 수 있다. 여기서 종교 개혁적인 근본 성격은 종교적 감각에 표준으로 계속 남아 있었다. 감정의 흥분은 오직 기회가 있을 때만, 그러나 그다음에는 '광란의 방식으로'한껏 고무된 열광의 성격을, 하지만 그밖에는 삶의 태도가 지니고 있는 합리적인 성격을 결코 손상하지 않는 특징을 지니고 있었다.

그래서 감리교가 말하는 '부활'은 결국 순수한 위선을 보충하는 것이었을 뿐, 즉 예정설이 포기된 뒤에 금욕적인 삶의 태도를 종교적으로 확정시킨 것에 지나지 않았다. 웨슬리가 기회가 있을 때마다 말했던 것처럼, 참된 개종을 불가피하게 제어하고 '제약'하는 것으로서의 품행을 나타내는 표시들은 사실상 칼뱅주의에서와 똑 같았다. 감리교는 직업 관념을 전개하는 데에서 새로운 것을 전혀 내놓은 게 없는데, 우리는 낙오자로서의 감리교를 이하에서 직업 관념을 설명하는 데에서는 실제로 언급하지 않도록 하겠다.

유럽대륙의 경건주의와 앵글로색슨족의 감리교는 그들의 사상 내용과 역사적 발전에 따라서 고찰해보면 이차적인 현상들이다. 이에 반해서 칼뱅주의와 더불어 프로테스탄티즘의 금욕을 독자적으로 지니고 있는 두 번째 담지자로서 재세례파와, 16~17세기에 재세례파로부터 직접 또는 재세례파의 종교적 사유형식을 수용함으로써 기인한 침례교, 메노나이트(Mennonit) 그리고 무엇보다 퀘이커교도와 같은 종파들이 있다. 이들과 함께 우리는 그 윤리가 종교개혁파 교설과는 상반되는, 원칙적으로 이질적인 토대에 근거를 두고 있는 종교 공동체에 이르게 되었다.

이하의 서술은 우리가 단지 중요한 것을 강조하기만 할 뿐이고, 이 운동의 다양한 형태에 관해서는 어떤 개념도 부여하지 않을 것이다. 물론 우리는 옛 자본주의 국가들에서의 발전에 다시금 주안점을 둘 것이다. 이러한 모든 공동체의 역사적이고 원칙적으로 가장 중요한 사상은 문화발전을 위한 그 파급효과가 당연히 다른 연관성에서도 명백해지겠지만, 출발점에서 이미 우리가 다룬 바가 있는데, 그것은 '믿는 자의 교회'였다.

다시 말해서, 종교 공동체, 즉 종교개혁 교회들의 언어를 사용하면 '볼 수 있는 교회'는 더 이상 천국이라는 목적에 이르기 위하여 재산을 기부하는 일종의 재단으로 파악되지는 않았으며, 올바른 사람과 올바르지 못한 사람 모두를 필연적으로 포괄하는-(칼뱅주의적으로) 신의 명예를 드높이던지, (가톨릭과 루터파의 방식으로) 사람들에게 구원을 위한 신을 매개로 하든지 간에-기관으로 이해되지 않았으며, 오히려 오로지 개인적인 신앙인과 부활할 자들의 공동체로만 이해되었다.

다른 말로 표현하면, '교회'(Kirche)로서가 아니라 '종파'(Sekte)로서 이해되었다. 이것은 오로지 개인적이고 내적으로 스스로 믿음을 얻고 알게 된 성인(成人)들에게 세례를 주는, 그 자체 순수 외적인 원리를 상징했음에 틀림이 없다. 그런데 이와 같은 신앙을 통하여 '행위가 옳음을 인정하는 것'이 재세례파에게 있어서는, 이들이 모든 종교에 관한 말에서 지속해서 반복했던 것처럼, 옛 프로테스탄티즘의 정통 교리를 지배했던, '심판'을 통해서 그리스도가 기여한 것에 책임을 지우는 사상과는 근본적으로 달랐다. 오히려 그것은 그리스도에 의한 속죄를 내적으로 획득한 것이다.

이것은 그러나 개별적인 계시를 통해서, 개개인에게서 성령의 작용을 통해 이루어지며, 또 오직 이 작용을 통해서만 이루어진다. 계시는 모두에게 주어졌으며, 성령을 기다리고 세상에 대한 죄스러운 집착을 통하지 말고 성령이 오심을 기다리는 것으로 충분했다. 교리에 대한 지식의 의미에서 신앙의 중요성, 하지만 마찬가지로 신의 은총을 참회함으로써 얻을 수 있다는 의미에서 신앙의 중요성은 그에 상반되게 완전히 사라져버렸으며-물론 강력하게 변형되어서-원시 기독교의 영적이고 종교적인 부활(Renaissance)이 생겨났다.

예를 들어, 메노 시몬스(Menno Simons)가 자신의 교리서(Fondamentboek, 1539)에서 제법 완결된 교설을 처음으로 만들어낸 그 종파는 다른 재세례파 종파들과 마찬가지로 참되고 나무랄 데 없는 그리스도의 교회이기를 원했다. 이것은 원시 교단이 오로지 개인적으로 신에 의해서 각성되고 소명을 받은 자들로 이루어져 있었기 때문이다. 오직 부활한 자들만 그리스도의 형제이다. 왜냐하면 그들은 그리스도처럼 신에 의해서 정신적으로 직접 태어났기 때문이다.

'세상'에서 철저하게 도피하는 것, 다시 말해서 세상 사람들과 무조건 필요한 것이 아닌 모든 교류를 회피하는 일이 초기 재세례파 공동체에서는 초기 기독교도들 삶의 모범적인 태도라는 의미에서 엄밀한 성서주의와 결부되어서 생겨났다. 그리고 이러한 세상 회피의 원칙은 옛 정신이 살아있는 한 결코 완전히 사라지지 않았다. 재세례파 종파들은 자신들의 초기를 지배하고 있던 동기들로부터 원리를, 즉 우리가-어떤 다른 것에 근거를 두고 있는-이미 칼뱅주의에서 알고 있었고 그 기초적인 중요성이 항상 두드러지고 있는 원리를 계속해서 남아있는 유산으로서 받아들였다.

여기서 그 원리란 오로지 신에게만 돌려야 하는 경외심을 평가절하하는 것으로써 모든 '우상화'를 무조건 배척하는 것을 말한다. 성서적 삶의 태도가 초기 스위스·남부 독일의 재세례파 세대들에게서는 성 프란체스코에게 있어서와 마찬가지로 근원적이고 급진적으로 생각되었다. 이것은 모든 세속적인 쾌락을 냉정하게 없애고 사도를 전형으로 하여 엄격하게 살아가는 삶을 의미하였다. 그리고 실제로 그들의 초기 대표자들의 삶은 성 애지디오(Aegidius)의 삶을 떠올리게 한다. 그러나 이렇게 가장 엄격하게 성서를 준수하는 것이 종교심의 성령적 성격에 대해서 완전히 확실한 토대가 되지는 못하였다.

신이 예언자와 사도들에게 계시했던 것은 신이 계시할 수 있었던 그리고 계시하기를 원했던 모든 것이 물론 아니었다. 반대로, 말씀의 지속성은 작성된 원본으로서가 아니라 신앙인들의 일상생활에서 개인들에게 직접 주어지고 그것을 듣고자 하는 성령의 실제적인 힘으로써 말하는 것이다. 이것은 이미 슈벵크펠트(Schwenckfeld)가 루터에 반대해서 가르쳤고 나중에는 폭스(Fox)가 장로교 신도들에 반대해서 가르쳤던 초기 기독교도 공동체의 증거에 따르면 참된 교회의 유일한 징표였다.

지속적인 계시에 대한 이러한 사상으로부터 잘 알려진, 나중에 퀘이커 교도들에게서 완전히 발전한 교설, 즉 이성과 양심 안에서 정신의 내적인 증거가 최종적인 법정으로서 결정적인 의미가 있다는 교설이 생겨났다. 하지만 이것으로 인해서 성서의 효력이 사라진 것이 아니라 독재권이 사라진 것이며, 동시에 어떤 발전이 시작되었는데, 이 발전이란 교회의 구원론이 가지고 있던 모든 잔재를 마침내 사라지게 하고, 또한 퀘이커교도들에게서 세례와 성찬식을 급진적으로 없애버린 것이었다.

재세례파 종파들은 예정론자들, 특히 엄격한 칼뱅주의자들과 더불어 구원의 수단으로서 모든 성찬식을 가장 급진적으로 가치 저하를 시켜버리고, 그래서 자신들의 최종적인 결과에서는 세상을 종교적인 '마법에서 구해내는 것'을 성취하였다. 존속하는 계시의 '내적인 빛'만이 오로지 신의 성서적 계시도 제대로 이해할 수 있게 해주었다. 다른 한편, 그 효과는 적어도 여기서 완전한 결론을 이끌어 낸 퀘이커파의 교설에 따르면 계시의 성서적 형식을 결코 모르고 있었던 사람들에게 이르렀다.

'교회 바깥에 구원은 없다.'는 명제는 오직 정신에 의해서 계몽된 사람들의 이와 같은 비가시적인 교회에만 통용되었다. 내적인 빛이 없이는 본래 자연적인, 또한 자연적인 이성에 의해서 인도된 사람들은 순전히 피조물로 남을 뿐이었으며, 이렇게 신과 동떨어져 있다는 것을 재세례파와 퀘이커교도들은 칼뱅주의보다도 더 냉혹하게 느꼈다.

다른 한편, 우리가 그 성령을 고대하고 그 성령에 내적으로 헌신할 때, 성령이 인도하는 부활은 신이 작용한 것이기 때문에, 죄의 힘을 완전히 극복하는 상태에 이를 수가 있다. 그래서 죄악으로 다시 빠져들거나 은총 상태를 완전히 잃어버리는 것은 불가능하게 된다. 이것은 나중의 감리교파에서와 같은 상태에 이르는 것은 법칙도 아니고 오히려 발전으로써 개인의 완전성의 정도에 따라 행해진다고 하더라도 그러하다.

하지만 모든 재세례파 공동체는 구성원들의 흠결 없는 변화라는 의미에서 '순수한'집단이고자 하였다. 세상과 세상의 관심으로부터의 내적인 분리, 그리고 양심 안에서 우리에게 말씀하시는 신의 지배에 무조건 복종하는 것은 실제 부활을 틀림없이 보여주는 표징이며, 그러므로 그에 상응하는 변화는 구원을 위해 필요한 것이었다. 구원은 얻어질 수 있는 게 아니라 신의 은총의 선물이었지만, 그러나 자신의 양심에 따라 살아가는 사람만이 오로지 부활하는 것으로 여겨질 수 있었다. 이러한 의미에서 '선한 행위'는 '필수 조건'(causa sine qua non)이었다.

우리가 고집해온 바클레이(Barclay)의 이와 같은 일련의 사상은 종교개혁파의 교설과 실제로 다시금 일치했으며, 칼뱅주의 금욕의 영향 아래에서 확실히 계속해서 발전하였다. 칼뱅주의 금욕은 영국과 네덜란드에서 재세례파 종파들보다 먼저 있었고, 그것을 진지하고 내적으로 획득하여 전파함으로써 폭스(G. Fox)의 초기 선교 시대를 완전히 만족하게 했다.

그러나 심리적으로는-예정설이 배척당하고 있기 때문에-재세례파 윤리의 특수한 방법적인 성격이 무엇보다도 성령의 작용을 '기다리는' 사상에 근거를 두고 있었다. 이 성령은 오늘날에도 여전히 퀘이커교도의 '집회'에 그 성격이 각인되어 있으며, 바클레이에 의해서 다음과 같이 잘 분석되어 있다. 즉 이와 같이 침묵하는 가운데 기다리는 목적은 '자연적'인간의 충동과 비합리성, 격정과 주관성을 극복하는 것이다. 자연적 인간은 오로지 신에게 발언할 기회를 얻을 수 있는 영혼 안에서 깊은 고요함을 성취하기 위하여 침묵해야만 한다. 물론 이러한 '기다림'이 신경질적인 상태와 예언에 작용하는 것은, 그리고 종말론적인 희망이 존속했던 한, 여러 상황에 따라서 스스로 열광적인 천년왕국설을 발생시키는 것으로 통할 수가 있었다.

이것은 마치 경건성의 기초가 되는 모든 방식이 유사한 곳에서 가능했던 것과 같으며, 뮌스터에서 없어진 방향에서는 실제로 등장하기도 했다. 그러나 재세례파가 정상적인 세속의 직업생활에 밀려들어 옴과 더불어 신은 오직 피조물이 침묵하는 곳에서만 말씀하신다는 사상은 행위를 조용히 숙고하고 개인적으로 신중한 양심을 고찰하도록 행위를 분명하게 정위하는 교육을 의미하게 되었다. 후기 재세례파 공동체의 삶의 실천은 이렇게 조용하고 유용하며 탁월한 양심적인 성격을 배워서 익혔는데, 퀘이커 교도들의 삶의 실천은 완전히 특수한 정도에까지 이르렀다. 세상을 급진적으로 마법으로부터 해방시키는 것은 속세의 금욕과 내적으로 다른 길을 허용하지 않았다. 정치권력과 그 활동과는 아무런 관련을 맺지 않기를 원한 공동체들에 있어서는 외적으로도 그것으로부터 이러한 금욕적 덕을 직업노동에 침투시키는 결과를 낳았다.

세상을 등지고 사는 데에서는 옛 재세례파 운동의 지도자들이 가차없고 급진적이었던 반면에, 초기 세대들에게서는 이미 엄격한 사도적인 생활 태도가 부활을 증명하기 위하여 모든 것에서 무조건 요구되는 것으로 확정되지는 않았다. 부유한 시민적 요소들이 이미 이 세대에 속해 있었으며, 철저하게 세속적인 직업윤리와 사유재산 제도의 토대 위에 서 있었던 메노 이전에 이미 재세례파의 진지한 윤리적 엄격함이 종교개혁파 윤리를 통해서 파진 이러한 짐승의 굴을 실제로 향하고 있었다. 왜냐하면 속세를 떠난 금욕의 은둔적 형식의 발전은 재세례파가 추종했던 루터 이래로 비성서적이고 위선적인 것이라고 배척되었기 때문이다. 여기서는 논해지지 않는 초기의 반(半)공산주의적 공동체들에 의해서 간파된바 있는 현대에 이르기까지의 재세례파 종파, 소위 '툰

커'(Tunker, dompelaers, dunckards)는 교양을 배척하고 삶을 연장하는 데에 필수적인 넘치는 소유를 배척하는 입장을 고수했다.

예를 들면, 바클레이도 직업에 대한 충실성을 칼뱅주의 또는 루터파의 방식으로만 파악하지는 않았으며, 오히려 신앙인을 세상에 엉켜 들어가게 하는 불가피한 '자연적 이성'의 결과라는 토마스주의 방식으로 파악하였다. 이와 같은 생각에는 슈페너와 독일 경건주의자들의 많은 표현에서처럼 칼뱅주의자들의 직업 관념을 약화시키는 것이 있었다. 그래서 다른 한편으로 재세례파 종파들에게는 경제적 직업에 대한 관심의 집중도가 여러 계기를 통해서 본질적으로 높아졌다. 근원적으로 세상과의 단절에서 수반되는 종교적 의무라고 파악된 거부, 즉 관직에 취임하는 것을 거부하였는데, 이 거부는 원리로서의 과제에 따라서, 그렇지만 적어도 메노나이트파와 퀘이커교도들에게서 실제로 무기 사용과 맹세를 엄격히게 거부함에 따라서 공직에 부적격 판정을 받게 되었다.

이와 함께 모든 재세례파 교파에서는 귀족주의적 생활양식에 대항해서 이기기 어려운 일이 동시에 나타났는데, 일부는 칼뱅주의자들에게서 피조물을 예찬하는 것을 금지함으로써 나타났으며, 다른 일부는 이와 마찬가지로 비정치적인 또는 바로 그렇기 반(反)정치적인 원칙의 귀결로 나타났다. 이를 통해서 재세례파 생활 태도의 냉정하고도 양심적인 방법론은 비정치적인 직업생활의 길을 파고들었다.

이렇게 함으로써 재세례파 구원론이 신의 개인적 계시로서의 양심에 의한 통제에 따라 직업생활에서 그들의 행동에 다음과 같은 특성을 부여했는데, 이는 어마어마한 중요성을 가지고 있었다. 즉 그 특성이란 우리가 자본주의 정신의 중요한 측면들을 전개하기 위하여 커다란 의미를 부여한 것이며 계속해서 더 자세하게 고찰하려 한다. 그렇게 되면 우리가 프로테스탄티즘 금욕의 모든 정치적 윤리와 사회윤리를 상세하게 논하지 않고서도 여기서는 가능할 만큼 알게 될 것이다.

그런 다음 우리는-적어도 이것을 선취하기 위하여-재세례파, 특히 퀘이커교도들에게서 세속적 금욕을 받아들인 특별한 형식, 즉 이미 17세기의 판단에 따라서 자본주의 '윤리'의 중요한 원리를 실천적으로 증명하는 데에서 나타난 형식을 사람들이 '정직이 최고의 전략'이라고 정식화하곤 하는 것을 보게 될 것이다. 그리고 이 원리는 앞에서 인용한 프랭클린의 논문에서도 그 고전적인 증거를 발견하였다.

이에 반해서, 우리는 칼뱅주의의 영향을 영리활동의 사적인 경제 에너지가 폭발하는 방면에서 더욱 추측하게 될 것이다. 왜냐하면 '성도'의 모든 형식적인 합법성에도 불구하고 결과적으로 칼뱅주의자들을 위하여 다음과 같은 괴테(Goethe)의 명제가, 즉 "행동하는 자는 언제나 양심이 없으며, 사색하는 사람 이외에 양심을 가진 자는 아무도 없다."는 명제가 충분히 타당하였다.

더욱 중요한 요소, 즉 재세례파 교파들이 속세의 금욕을 지향하는 데에 도움이 되었던 요소는 다른 연관성에서만 완전한 의미를 상세하게 논할 수가 있다. 이에 대한 몇몇 주의할 점과 여기서 언급된 서술과정의 타당성을 미리 살펴보기로 한다. 여기서는 완전히 의도적이고 잠정적으로, 옛 프로테스탄티즘 교회와 그 윤리적 영향의 객관적이고 사회적인 제도로부터, 특히 매우 중요한 교회 규율로부터 출발하지는 않았다. 오히려 개인 측에서 금욕적 종교심을 주관적으로 받아들이는 것이 삶의 태도를 야기하는 데에 적합하도록 했던 영향에서 출발하였다.

사태의 이러한 측면이 지금까지 거의 시선을 끌지 못했기 때문에만 그런 것이 아니다. 이뿐만 아니라 교회 규율의 영향력이 항상 결코 같은 방향에 있지 않았던 것 때문이기도 하였다. 개인의 삶을 교회가 공권력처럼 통제하는 것은 마치 칼뱅주의 국교회 영역에서 종교재판의 한계에까지 밀접하게 다가서서 추진되었던 것처럼, 오히려 방법적으로 구원을 획득하려고 하는 금욕적 노력을 통해서 제약된 개인적인 힘의 해방에 정반대되는 행동을 취한 것이며, 이것은 실제로 이러한 상황에서 행해졌다.

국가의 중상주의적 규제가 산업을 훈련하게 할 수는 있었지만, 그러나 적어도 그 자체만으로는 자본주의 정신을 훈련시킬 수는 없었다. 오히려 그 규제가 공권력-권위적인 성격을 띠는 곳에서는 다양하게 직접 여러 가지를 마비시켜버렸으며, 그래서 이와 같은 영향은 금욕에 대한 교회의 규제로부터도 시작하였는데, 그것은 교회의 규제가 공권력과 같은 정도로 너무나 엄청나게 발전했을 경우에 발생하였다.

그렇게 되면서 특정한 외적인 태도를 강요했으며, 여러 상황에서 방법적인 생활태도에 대한 주관적인 추진력을 마비시켜버렸다. 이러한 점을 모두 상세하게 논하는 것은 국가 교회가 권위적으로 윤리를 강제하는 영향력과 자유의지에 의한 복종을 근거로 여러 종파를 윤리적으로 강제하는 것 사이에 커다란 차이가 있다는 점에 주의하지 않으면 안 된다. 재세례파 운동은 자신의 모든 교파 안에 원칙적으로 '교회'가 아니라 '종파들'을 만들어냈으며, 이러한 것은 마찬가지로 자신들의 금욕이 지향하는 방향에도 도움이 되었다. 이것은 마치-여러 가지 강력한 정도의 차이에서-칼뱅주의 공동체, 경건주의 공동체, 감리교 공동체에서 그랬던 경우와 같은데, 이러한 공동체들은 실제로 자신들의 의지만을 내세우는 공동체를 형성하는 과정에서 밀어붙인 것이었다.

지금까지의 서술은 청교도의 기초를 전개하고자 한 것이었으며, 이제 우리는 청교도의 직업 이념을 그들의 영리활동에 대한 영향에서 추적해야만 한다. 개별적으로는 벗어난 모든 상황에서 그리고 모든 상이성에서 강조되고 있는데, 여러 가지 다른 금욕적 종교공동체에서 우리에게 결정적인 관점을 제공하고 있다. 그렇지만 이러한 관점들은 현존하면서 영향력을 발휘하고 있는 모든 것에서 나타나고 있다.

하지만 그것을 개괄하기 위하여 우리의 연구에서 항상 결정적으로 중요했던 것은 모든 교파에서 종교적 '은총 상태'를 하나의 신분(status)으로서 반복적으로 이해한다는 점인데, 이 신분은 구제불능의 피조물, 즉 '세상'과 인간을 분리하는 것이다. 그러나 이 신분을 얻는 것은 어떠한 마법적-성찬식에 따른 수단을 통해서 보증받을 수 있는 것이 아니거나 참회를 함으로써 사면을 보증받는 것도 아니며, 또는 개인의 경건한 행위를 통해서 보증받을 수 있는 것이 아니었다. 오히려 그것은 '자연적' 인간의 생활양식에서 특수하고 단호한 여러 가지 변화를 증명함으로써 보증 받을 수 있었다. 이로부터 삶의 태도에서 개인의 은총상태를 방법적으로 통제하는 추진력이 개개인에게 귀결되었으며, 이와 함께 개인의 삶의 자세를 금욕적으로 관철하는 추진력도 귀결되었다. 우리가 이미 살펴본 것처럼, 그러나 이와 같은 생활방식은 전체 현존재가 신의 의지에 초점을 맞춘 합리적인 형태라는 것을 의미하였다. 그리고 이러한 금욕은 더 이상 '보상을 주는 행위'(opus supererogationis)가 아니라 자신의 지복(至福)을 확신하고자 한 모든 사람에게 부당하게 요구된 행위였다.

저 종교적으로 요구된, '자연적'삶과는 다른 성도들의 특별한 삶은-이것은 결정적이다-더 이상 세상 바깥의 수도사 공동체에서 벌어진 것이 아니라 세상과 세상 질서 안에서 전개된 일이다. 피안을 고려하여 세상 안에서 삶을 인도하는 이러한 합리화는 금욕적 프로테스탄티즘의 직업 개념의 결과였다.

처음에 세상으로부터 고독함 속으로 달아난 기독교의 금욕은 세상을 포기함으로써 이미 수도원에서부터 세상을 교회가 지배한 것이었다. 하지만 이렇게 함으로써 기독교의 금욕은 세속의 일상적인 삶이 자연스럽게 편견 없는 특성을 완전히 그만두게 하였다. 이제 기독교의 금욕은 삶의 시장에 등장하였고, 수도원의 문은 뒤에서 완전히 닫혀버렸으며, 세속의 일상적인 삶을 자신들의 방법으로 흠뻑 적서버렸고, 세상에서의 합리적인 삶을 변형시켰지만, 이 세상에 의해서 또는 이 세상을 위하여 변형시키려 한 것은 아니었다. 우리의 계속되는 설명은 어떤 결과를 제시하기를 원한다.

2. 금욕과 자본주의 정신

금욕적 프로테스탄티즘의 종교적 근본 관념과 경제적 일상생활 규칙과의 연관성을 살펴보기 위해서는 무엇보다도 목회의 실천으로부터 나온 것으로 인식할 수 있는 신학 저술들을 가져올 필요가 있다. 왜냐하면 내세가 모든 것이었던 시대에는 기독교인의 사회적 지위가 성찬에 참가 허락을 받았는지 아닌지에 달려있었기 때문이다. 이것은 목회활동과 교회 규율 그리고 설교를 하는 데에 성령이 영향력을 행사했기 때문이며, 이러한 영향에 의하여-'권고'(consilia), '결의론'(決疑論) 등의 모음집에 나타나 있듯이-우리는 현대인을 더 이상 단순하게 상상할 수는 없는데, 그러한 실천에서 스스로를 관철하고자 하는 종교적 권력들은 '국민성'을 결정적으로 형성하는 주체이기 때문이다.

우리는 이제 나중에 논할 것과는 대조적으로 여기서는 금욕적 프로테스탄티즘을 전체로서 상세하게 논하면서 다루려고 한다. 그러나 칼뱅주의로부터 생겨난 영국의 청교도주의가 직업 관념의 가장 철저한 기초를 제공하기 때문에, 우리는 우리의 원리에 따라서 그 대표자 가운데 한 사람을 중심에 세우고자 한다. 리처드 백스터(Richard Baxter)는 대단히 실천적이고 평화를 사랑하는 입장을 가짐으로써 청교도주의 윤리의 다른 많은 대표 저술가들보다도 두드러졌다.

동시에 그의 저술은 과제가 항상 새로이 부과되고 그래서 번역작업도 되풀이되었는데, 이 작업이 보편적으로 인정받음으로써도 두드러졌다. 장로교 신도이며 웨스트민스터 종교회의의 옹호자이지만-그 당시의 많은 훌륭한 지도자들처럼-점차 독단적으로 순수 칼뱅주의자로는 감당할 수 없을 정도로 커져 버린 그는, 혁명과 분파주의 그리고 동시에 '성도들'의 광적인 열정을 싫어했지만 외적인 특수성과 객관적으로는 적대자들에 대해서 매우 관대했기 때문에, 내적으로는 크롬웰(Cromwell)의 왕위찬탈에 반대했다.

그리고 그는 교회의 윤리적 삶을 실천적으로 장려하는 방향에서 완전히 본질적으로 자신의 노동영역을 구했으며-역사를 알고 있는 가장 영향력이 큰 목회자 가운데 한 사람인-그는 의회 정부의 이러한 노력에 기여하면서 크롬웰이나 왕정복고의 처분에 스스로를 내맡겼다. 그는 왕정복고에 이르러서-이미 '성 바르톨롬메오의 축일'(1572년 8월 24일 파리에서의 성 바르톨롬메오 황제의 날) 이전에-직위에서 물러났다.

그의 저서 『기독교도 지침서』(Christian Directory)는 청교도주의 도덕신학의 가장 포괄적인 개요이며, 동시에 그것은 어디에서나 자기 목회의 실천적인 경험에 초점이 맞춰져 있었다. 독일 경건주의의 대표자로서 슈페너의 『신학적 통찰』(Theologische Bedenken), 퀘이커교도를 위한 바클레이의 『변명』(Apology), 그리고 금욕적 윤리의 다른 대표자들도 공간절약을 위하여 가능한 모든 것을 고려해본 결과 비교하면서 인용할 필요가 있다.

그런데 사람들이 백스터의 『성도들의 영원한 안식』과 『기독교도 지침서』 또는 이와 유사한 다른 연구들을 살펴보려고 한다면, 부와 그 획득을 판단하는 가운데 첫눈에 시선을 끄는 것은 신약성서의 설교에서 나타난 에비온주의(ebionism) 요소들이다. 부(富)는 그 자체로써 매우 위험하고 그 유혹은 끊임없으며, 부를 얻으려는 노력은 신의 왕국의 엄청난 중요성 앞에서는 아무런 의미가 없을 뿐만 아니라 윤리적으로도 예사롭지가 않다.

칼뱅은 성직자들이 부에 있어서 자신들의 활동에 전혀 방해를 받지 않고, 반대로 그들이 바라는 명예를 드높이는 것을 알아봤기 때문에, 그들에게는 자신들의 능력을 유익하게 설계하는 것이 허락되었는데, 오직 불쾌한 일을 피하기만 하면 될 뿐이었다. 여기서는 현세의 재물을 획득하는 것을 따르려는 모든 노력에 반대해서 칼뱅에게서 보다도 훨씬 더 엄격한 금욕이 보인다.

사람들은 돈과 재물을 얻으려는 노력에 대해 저주하는 실례들을 청교도주의 문헌들에서 원하는 대로 얼마든지 찾아볼 수 있으며, 거기서 아무런 편견에 사로잡히지 않은 중세 후기의 윤리적 문헌과 대조를 해볼 수도 있다. 그리고 이렇게 숙고함으로써 매우 진지해졌다고 생각하며, 그것의 결정적인 윤리적 의미와 연관성을 명확히 하기 위하여 더 자세히 관찰할 필요가 있다. 요컨대 실제로 윤리적으로 혐오스러운 것은 철저하게 빈둥거리고 정욕에 빠져서, 특히 '성스러운'삶을 위해 노력하는 것으로부터 방향을 전환함으로써 부를 소유하고 누리는 데에 안주하는 것이다.

그리고 소유에는 이러한 안주의 위험성이 반드시 필연적으로 따르기 때문에 걱정스럽다는 말이다. 왜냐하면 '성도들의 영원한 안식'은 내세에 있기 때문이며, 하지만 지상에서 인간은 자신의 은총의 상태를 확신하기 위하여 "자신을 보낸 분의 업적을 낮 동안 수행"하지 않으면 안 되기 때문이다. 여가와 향유가 아니라 오직 행위만이, 분명하게 계시된 신의 의지에 따르면, 신의 명예를 드높이는 데에 기여한다. 그러므로 시간 낭비는 모든 죄악의 첫 번째이자 원칙적으로 가장 무거운 죄악이다.

삶의 기간은 자신의 소명을 '확실하게'하기에는 너무나 짧고 소중하다. 사교, '쓸데없는 잡담', 사치 등에 의한 시간 낭비, 건강에 필요한 수면시간-여섯 시간에서 최대 여덟 시간-보다 더 많이 자는 것조차 윤리적으로는 철저히 혐오스러운 것이다. 이것이 의미하는 것은 이제 프랭클린의 '시간은 돈이다'와 같은 것은 아니지만, 그러나 이 명제는 종교적인 의미에서는 어느 정도 타당하다. 잃어버린 모든 노동의 시간은 신의 영광에 기여하는 것을 빼앗아버렸기 때문에, 시간은 무한한 가치가 있는 것이다.

따라서 아무런 활동을 하지 않고 명상을 하는 것도, 적어도 명상이 직업노동의 희생을 요구할 경우에는, 무가치하고 경우에 따라서는 직접 혐오스러운 것이다. 왜냐하면 명상은 신이 직업을 통해서 자기 의지의 적극적 활동을 하는 것보다는 덜 만족해하기 때문이다. 더구나 명상을 위해서는 일요일이 있으며, 백스터에 따르면 자신의 직업에서 게으른 사람들은 신을 위한 시간이 주어지더라도 신을 위한 시간을 갖지는 않는다.

이에 걸맞게 강력하고 지속적이며 육체적 또는 정신적 노동에 대해서 항상 반복되는, 때로는 매우 격정적인 설교가 백스터의 주저(主著)에 나타나 있다. 여기에는 두 가지 주제가 함께 작용하고 있다. 먼저 노동은 예전에 검증된 금욕적 수단이라는 것인데, 이러한 수단으로서의 노동은 서양의 교회에서, 동양과는 첨예하게 대립한 상태에서뿐만 아니라 전 세계의 거의 모든 수도원의 규칙에 대해서도 첨예하게 대립하는 가운데, 옛날부터 그렇게 추측됐다. 특히 노동은 청교도주의가 '부정한 삶'(unclean life)이라는 개념으로 요약한바 있는 모든 유혹에 대항하는 특별한 예방책이었다. 그래서 노동의 역할은 결코 미약하지가 않았다.

성적인 금욕은 청교도주의에서는 정도의 차이만 있을 뿐, 기본 원리에 따르면 수도사들과 다르지 않으며, 또한 부부생활을 고려해서 보면 수도사들의 정도보다 훨씬 광범위한 영향을 미쳤다. 왜냐하면 성교는 부부에게 있어서도 오로지 신이 원한 것으로써만 신의 명예를 드높이는 수단이기 때문이며, 이에 상응하여 허락하고 있는 계율이 바로 "너희는 다산(多産)하여 자손을 퍼뜨려라."이다. 종교적인 의심과 소심한 자학(自虐)뿐만 아니라 모든 성적인 유혹에 대항해서-냉철한 섭생, 채식 그리고 냉수욕과 함께-"너의 직업에 철저히 일하라."는 처방을 내렸다.

그러나 노동은 그것을 넘어서며, 특히 신이 명령한 삶 일반의 자기 목적이다. "일하지 않는 자는 먹지 말라."는 바울의 명제는 무조건 타당하며 모든 사람에게 적용된다. 노동할 의욕이 없다는 것은 은총상태를 결여하고 있는 징후이다.

여기서는 중세의 양식과 다른 점이 분명하게 나타나 있다. 토마스 아퀴나스도 그 명제를 해석하였다. 하지만 그에 따르면 노동은 개인과 전체의 삶을 유지하는데 필수적인 자연의 이치이다. 이러한 목적이 없어진 곳에서는 명령의 효력도 정지되어 있다. 이것은 오직 인류와 관계가 있을 뿐 각 개인과는 관계가 없다. 노동을 하지 않고 자신의 소유물로 살아갈 수 있는 사람은 명령과 아무런 관계를 맺지 않고 있으며, 마찬가지로 신의 왕국 안에서 활동의 정신적인 형태로써 명상은 그 왕국을 단어의 의미로 해석하는 명령에 근거하고 있다는 것은 당연하다.

통속 신학에서는 수도사가 행하는 '생산성'의 최고 형태가 기도와 성가 합창을 통해서 '교회의 보물 창고'를 철저하게 늘려가는 데에 있었다는 점은 당연했다. 그러나 노동의 윤리적 의무를 이렇게 허물어버리는 것을 백스터는 당연히 중지했을 뿐만 아니라, 그는 그와 같은 아무런 조건이 없는 명령에서 부가 해방되지도 않는다는 원칙을 매우 강조하여 엄격하게 가르쳤다. 유산자(有産者)도 일하지 않고는 먹어서는 안 된다.

왜냐하면 비록 그가 자신의 욕구를 충족시키기 위한 노동을 할 필요가 없다고 하더라도, 그가 가난한 사람과 마찬가지로 반드시 복종해야 하는 신의 명령이 존재하기 때문이다. 또한 신의 섭리는 모든 사람에게 차별 없이 소명을 준비해두고 있으며, 사람들은 소명을 인식하고 소명 안에서 노동해야만 한다. 그리고 이러한 소명은 루터파에서처럼 사람들이 반드시 따라야만 하고 만족해야만 되는 신의 섭리가 아니라, 신이 자신의 명예를 위하여 개개인에게 일을 하라고 명령하는 것이다. 이와 같이 겉으로 쉽게 알 수 있는 미묘한 차이는 파급효과가 큰 심리적 결과이며, 이미 스콜라철학에서 잘 알려져 있던 신의 섭리에 따라 경제적 질서를 해석하는 교육의 연장과 관련이 있다.

노동 분업의 현상과 사회의 직업조직에 대해서 우리는 다른 사람들처럼 이미 토마스 아퀴나스와 결부시켜서 가장 편안하게 살펴볼 수 있는데, 그는 그것이 신이 계획한 세계의 직접적인 결과라고 생각하였다. 그러나 사람들을 이러한 질서에 편입시키는 것은 자연적 원인에 의해 수행되며 우연적(스콜라철학의 용어에 따르면 'contingent')이다. 우리가 이미 살펴본 것처럼, 루터에게서는 객관적인 역사적 질서로부터 귀결되는, 사람들을 주어진 상태와 직업에 편입시키는 것은 신의 의지가 직접 발현되는 것이었으며, 그러므로 신이 인간에게 정해준 한계와 지위 안에 개인이 머무는 것은 종교적 의무였다.

이것은 '세계'전체에 대하여 루터파 경건주의가 처음부터 불분명한 관계를 보여준 것보다 더욱 그러했다. 윤리적 원리들은 루터의 사상에 근거해서 세상을 형성하지는 못했는데, 그것은 루터의 사상이 세상에 무관심했던 바울의 사상을 결코 완전히 잘라버리지 못했기 때문이다. 사람들은 바로 그렇기 때문에 세상을 원래 있었던 바대로 받아들이지 않으면 안 되었고 이것을 종교적 의무라고 간주할 수밖에 없었다.

다르게 보면, 청교도의 견해에서는 사경제적 이해관계가 신의 섭리에 따라서 작용하는 내적 작용의 특징이 살짝 변화된 형태를 보인다. 신의 섭리에 따른 직업조직의 목적이 무엇인지에 대해서, 사람들은 청교도의 실용주의적 해석 도식에 충실히 따르면서 그 성과에 대해서 인식하였다. 그런데 이러한 성과에 대해서 백스터는 자신의 의견을 말하는데, 이 점에서 그가 수행하고 있는 것은 아담 스미스(Adam Smiths)의 유명한 노동 분업에 대한 숭배를 연상시키게 한다.

직업을 특화하는 것은 노동자의 숙련(skill)을 가능하게 하므로, 노동능력을 양적, 질적으로 향상하며, 따라서 가능한 많은 사람에게 동일한 복지인 보편적 복지(common best)에 기여한다. 만일 이러한 동기화가 순전히 공리주의적이라면 그리고 당시의 세속적인 문헌에서 통상적이던 여러 관점과 유사하다면, 그렇다면 백스터가 다음과 같은 주제로 첨예하게 논쟁을 벌이자마자 청교도주의가 특징적으로 대성공을 거두었다는 사실이 드러난다.

"확실한 직업이 아니라면 어떤 사람이 하는 노동은 불안정한 임시직일 뿐이며, 그는 노동보다는 게으름을 피우는 데에 시간을 더 많이 허비할 것이다."그리고 그는 그 논쟁을 다음과 같이 마무리하고 있다. "그리고 그(천직에 따른 노동자)는 자신의 노동을 질서 있게 수행하게 되며, 반면에 다른 사람은 영원한 혼란에 빠져서 자신이 일하는 장소와 시간도 모르게 된다. 그렇기 때문에 확실한 직업('certain calling', 다른 곳에서는 '확정된 직업'stated calling)은 누구에게나 가장 좋은 것이다."일반적인 일용직 노동자가 강요받고 있는 불안정한 노동은 종종 불가피하기는 하지만, 그러나 언제나 원하지 않는 어정쩡한 상태이다.

우리가 이미 살펴본 것처럼, '천직을 갖지 못한 자'의 삶에는 세속적인 금욕이 요구하는 체계적이고 방법적인 성격이 결여되어 있다. 또한 퀘이커교도의 윤리에 따르면 인간의 직업생활은 금욕적 덕을 철저하게 수련하는 것이며, 자신의 양심에 따라서 은총 상태를 증명하는 것인데, 이는 자신이 직업에 전념할 때 나타나는 신중함과 방법에 영향을 미치는 것이다. 노동 그 자체가 아니라 합리적인 직업노동이 바로 신의 요구인 것이다.

청교도주의 직업 관념에서 항상 강조되었던 것은 직업에서의 금욕에 대한 그와 같은 방법적 성격이었으며, 루터에게서처럼 신에 의해서 한번 배당된 운명에 스스로 만족하라는 게 아니다. 따라서 누군가가 더 많은 직업을 가져도 되는지 어떤지 하는 물음에는 무조건 긍정적 답변이 주어질 것인데, 이것은 보편적 복지 또는 자기 자신의 복지를 위하여 유익하고 그 누구에게도 해가 되지 않을 경우에만 그리고 사람들이 자신이 종사하는 직업에 불성실하게(unfaithful) 임하지 않을 때만 긍정될 것이다.

그뿐만 아니라 직업을 바꾸는 것 자체도 결코 비난받아야만 하는 것으로 여겨지지는 않았는데, 분별없이 변덕스러워서가 아니라 신을 만족하게 하기 위해서, 즉 유익한 직업을 가지는 것이라는 보편적 원리에 상응하여 행해질 때가 그러한 경우이다. 그리고 무엇보다도 직업의 유용성과 이에 상응하는 신의 만족도는 첫째 윤리적 척도에 따라서, 둘째 거기서 생산될, '모두'를 위한 물품의 중요성의 정도에 따라서, 그렇지만 이에 뒤따르는 셋째는 자연적이고 실제로 가장 중요한 관점인 사적(私

的) 경제의 '수익성'에 따라서 방향이 맞춰진다.

왜냐하면 청교도가 삶의 모든 섭리에서 작용하고 있음을 본 신이 그들에게 이익을 획득할 기회를 나타내 보일 때, 신은 자신의 의도를 드러내기 때문이다. 따라서 신앙심 깊은 기독교인은 신의 의도를 이용함으로써 이러한 부름에 따라야만 한다. "만일 신이 당신들에게 당신들 자신의 영혼과 다른 사람들의 영혼에 해를 끼치지 않고 정당한 방법으로 다른 방법보다 더 많은 것을 얻을 수 있는 길을 제시한다면, 그리고 당신들이 이것을 거부하고 유익함이 덜한 길을 추구한다면, 그렇다면 당신들은 소명(calling)의 목적들 가운데 하나를 거부하게 되고, 스스로 신의 집사인 것을 거부하는 것이다. 또한 당신들은 신이 바란 것인데도 불구하고 신을 위해서 사용할 수 있는 신의 선물을 받아들이기를 거부하는 것이 된다. 물론 이것은 육욕의 목적과 죄를 위한 것이 아니라 당신들이 부유해지기 위해서 일을 하는 것은 신을 위해서 허락된 것이라는 뜻이다."

부는 오로지 게으른 휴식을 하려는 것으로써 그리고 죄악시되는 생활을 누리려는 것으로써만 혐오스러운 것이며, 나중에 경솔하고 즐겁게 살아가기 위해서만 노력할 경우 혐오스러운 것이다. 하지만 직업의 의무를 수행하는 것으로써는 윤리적으로 허용되었을 뿐만 아니라 제공되기까지 하였다. 자신을 믿고 맡긴 돈으로 이익을 남기지 못했기 때문에 쫓겨난 종의 비유는 그것을 직접 보여주는 것이었다. 종종 논점이 된바 있는, 가난해지기를 원하는 것은 아프기를 바라는 것과 같으며, 위선적인 것으로써 비난받아 마땅하고 신의 명예에 해로운 것이다. 게다가 노동의 능력이 있는 사람이 걸식하는 것은 게으름으로써 죄악일 뿐만 아니라 사도의 말에 따라서 보더라도 이웃 사랑에 상반되는 것이다.

고정된 직업의 금욕적 의미를 강조하는 것이 근대 전문직 종사자를 윤리적으로 미화시키는 것처럼, 이익을 얻을 수 있는 기회를 신의 섭리에 따른 것이라고 해석하는 것은 사업가들을 윤리적으로 미화시키는 것이다. 프랑스 봉건시대 영주의 가벼운 죄와 벼락부자가 된 허풍선이의 과시욕은 금욕과 같은 정도로 혐오스러운 것이다.

이에 반해서 윤리적으로 동의를 얻어서 완전히 빛을 발하고 있는 사람은 시민들에게 자수성가한 사람이라고 냉정한 평가를 받았다. "신은 그의 사업을 축복한다."는 말은 그와 같은 신의 섭리를 성공적으로 수행한 성도들에게 지속해서 적용되고 있다. 그리고 바로 이와 같은 삶에서 그들의 경건함에 대해 속죄하게 해주는 구약성서의 신이 가지는 압도적인 위력은, 백스터의 충고에 따르면, 청교도들에게 있어서 자신들의 은총의 상태를 성서의 영웅들이 지니고 있는 영혼의 상태와 비교를 통해서 통제함으로써 그리고 '법조문들과 같은'성서의 잠언들을 해석함으로써 같은 방향으로 작용할 수밖에 없었다.

구약 성서의 잠언들은 그 자체적으로 의미가 완전히 명확하지는 않았다. 우리는 루터가 먼저 집회서를 번역하는 데에서 '직업'개념을 세속적인 의미로 사용하고 있음을 살펴보았다. 그러나 예수의 집회서는, 그때의 전체적인 분위기에 따르면, 헬레니즘의 영향에도 불구하고 (넓게 퍼진) 구약성서에 작용하는 전통주의적인 구성요소에 속했다. 루터파의 독일 농민들에게서 현대에 이르기까지도 여전히 이 책은 종종 특별한 인기를 누리고 있는 게 나타나고 있는 것은 특징적인 일인데, 이는 마치 독일 경건주의에서 광범위한 흐름을 이루고 있는 루터파의 특징이 예수의 집회서를 좋아하는 데에서 진술되곤 하는 의견과 비슷하다.

청교도들은 신적인 것과 피조물적인 것 사이의 냉혹한 양자택일에 따라서 성서 외전(Apokryphen)을 격려할 수 없는 것이라고 배척하였다. 성서 경전 중에서 욥기가 그것과 결합해 있는데, 한편으로 신에 의해서 절대적인 주권을 소유하게 된 인간적 척도가 특별히 예찬 되지만, 이것마저 뛰어넘는 위엄이 더욱 강력하게 작용할수록-물론 이 위엄은 칼뱅주의의 직관처럼 최고의 기질을 갖춘 것이지만-결론에 이르러서는 그 위엄이 다시금 표출된 바 있다.

이것은 칼뱅에게 있어서는 청교도주의에서처럼 중요하지만 부차적인 확실성, 즉 신은 자신의 피조물에게-오로지 욥기에서만-현세에서 그리고 물질적인 관점에서 은혜를 베풀곤 했다. 정서가 가장 풍부한 시편의 구절들과 솔로몬의 잠언에서 많이 나타나고 있는 동양적 정적주의(靜寂主義)는 무시되었는데, 이것은 백스터가 전통주의적인 색채를 가지고 고린도전서에 있는 직업 개념에 본질적인 자리를 마련해준 것과 같은 방식이었다.

이에 대해서 사람들은 형식적 합법성을 신의 마음에 드는 변화의 징표로써 찬양하는 구약성서의 위치를 더욱더 강조하였다. 모세의 율법이 새로운 계약, 즉 신약에 의해 자신의 타당성을 박탈당할 뿐이라는 것은 유대민족에게 있어서 의례적이거나 역사적으로 제약된 규정을 포함하고 있는 만큼만 박탈당한다는 것인데, 모세의 율법이 그러나 '자연법'의 표현으로서 옛날부터 그 타당성을 계속해서 유지하고 있다는 이론은 한편으로는 근대 생활에 완전히 삽입되지 못한 규정들을 제거할 수 있었다.

하지만 그것은 이러한 프로테스탄티즘의 세속적 금욕에 고유한 독선적이고 냉철한 합법성의 정신을 강력하게 보강하는 데에는 구약성서의 무수히 많은 유사한 특징들을 통해서 자유로운 길을 열어주었다. 그러므로 만일 이미 많은 동시대 사람들처럼 최근의 저술가들이 영국 청교도주의의 윤리적 기본 분위기를 특수하게 '영국의 헤브라이즘'이라고 칭한다면, 그렇다면 이것은 올바르고도 철저히 적절하게 이해한 것이다.

이와 함께 사람들은 팔레스타인의 유대주의에 대해서 구약성서들이 생겨날 당시로부터만 생각해서는 안 되며, 수 세기 동안의 형식주의적-율법적 그리고 탈무드식 교육의 영향 아래에서 점차로 이루어진 유대주의에 대해서 생각할 필요가 있다. 그런 후에는 이 둘이 평행선을 달리고 있는 것에 대해서도 깊은 주의력이 필요하다. 전체적으로 삶 그 자체를 공평무사하게 평가하는 것에 관심을 기울인 고대 유대주의의 분위기는 청교도주의의 특성과는 특히 거리가 멀었다.

이와 마찬가지로-이것 또한 묵과되어서는 안 된다-중세와 근대 유대주의의 경제윤리가 자본주의적 관습(Ethos)의 발전 안에서 양자의 지위에 대해서 결정적이었던 상황도 그것과는 거리가 멀었다. 유대주의는 정치적 또는 사변적으로 정위된 '모험'-자본주의의 측면에 서 있었다. 이것의 관습은, 한마디로 말해서, 천민자본주의 관습이었으며, 청교도주의는 합리적이고 시민적인 경영과 노동을 합리적으로 조직하는 관습을 지니고 있었다. 청교도주의는 유대교 윤리를 취했는데, 이 안에서 적합한 것만을 취했을 뿐이다.

삶을 관통하는 성격학(性格學)상의 결과를 구약성서의 규범으로 나타내는 것은-지금까지 유대주의 자체에 대해서는 실제로 결코 해결된

적이 없는 매력적인 과제이다.-이 연구의 범위에서는 불가능할 것이다. 이렇게 드러난 관계들과 더불어 청교도의 내적인 모든 태도에 대해서는 신에 의해서 선택된 민족이라는 신앙이 그들에게서 장엄한 부활을 체험했다는 점이 무엇보다도 고려되어야 한다. 온순한 백스터 스스로는 신이 자신을 다른 곳이 아닌 영국과 진실한 교회 안에서 태어나게 한 것에 대해 신에게 감사하고 있다. 이처럼 신의 은총을 통해서 작용하여 자신이 흠잡을 데 없는 사람이 되었다는 데 대해 이와 같이 감사하는 것은 청교도 시민들의 삶의 분위기를 지배하였으며, 자본주의 영웅시대의 대표자들에게 적합했던 형식주의적이고 정확하며 강인한 성격을 형성하는 조건이 되었다.

이제 우리는 청교도의 직업관과 금욕적 삶의 태도가 자본주의적 생활양식의 발전에 직접 영향을 끼쳤음이 틀림없었다는 점들을 특별히 분명하게 하고자 한다. 우리가 이미 살펴본 것처럼, 금욕이 강력하게 반대했던 것은 무엇보다도 오직 하나에 대해서인데, 즉 현존하는 것과 이것이 제공해주는 즐거움을 무분별하게 누리는 것에 대해 반대하였다. 이러한 경향은 '체육 교서'(Book of Sports)를 둘러싼 투쟁에서 가장 특징적으로 드러나 있는데, 이 체육 교서는 야콥(Jacob) 1세와 칼(Karl) 1세가 청교도주의를 탄압할 분명한 목적으로 법에 따라 만들었고 청교도주의는 이 법을 모든 설교단이 낭독할 것을 권유하였다.

청교도들이 왕의 처분, 즉 일요일 설교시간 이외에 어떤 대중적인 유희가 법적으로 허락되어야 한다는 처분에 대해 극렬하게 저항한 까닭은 그것이 안식일의 휴식을 방해한 것이었기 때문만이 아니라, 그것이 자신들을 자극함으로써 성도들로 하여금 질서 있는 생활태도로부터 고의로 방향을 전환하게 하였기 때문이었다. 그리고 왕이 그러한 체육의 합법성에 대해 공격을 하면 엄벌에 처하겠다고 위협했을 때, 그 목적은 바로 국가에 위협이 되는 반권위적인 금욕적 경향을 분쇄하는 데에 있었다.

군주정체(君主政體)의 봉건적인 사회는 막 생겨나고 있는 시민 도덕과 반권위적인 금욕적 비밀집회에 대항해서 '향락을 기꺼이 즐기는 자'를 보호했는데, 이는 마치 오늘날 자본주의 사회가 노동자 계급의 도덕과 반권위적 노동조합에 대항해서 '노동을 즐기는 자'를 보호하는 것과 같은 것이다. 청교도들은 이에 대항하여 금욕적 생활태도의 원리라는 자신들의 가장 결정적인 특징을 주장하였다. 왜냐하면 거기에 덧붙여서 청교도주의가 체육을 혐오하는 것이 퀘이커교도들에게조차 전적으로 원칙적인 것은 아니었기 때문이다. 단지 체육은 합리적인 목적, 즉 물리적인 수행 능력을 위해 필수적인 것을 획득하는 데에만 기여했음이 틀림없었다.

이에 반해서, 길들지 않은 충동으로서 순전히 아무런 제한이 없는 상태에서 인생을 최대한 즐기는 수단으로서의 체육이 청교도주의에는 의심스러운 것이었다. 그리고 더 나아가서 체육은 순전히 향락의 수단이 되었거나 내기를 하기 위해서 전적으로 투쟁적인 공명심, 거친 본능 또는 비합리적인 쾌락을 자극하는, 단적으로 혐오스러운 것이었음이 자명하였다. 직업노동과 경건성에서 배제된 충동적 삶의 향락은 바로 그 자체가 합리적 금욕에 대한 적이었으며, '대지주'의 체육으로써 또는 평범한 일상인의 무도장 출입과 술집 출입으로써 묘사되었다.

그에 따라서 보면 직접 종교적으로 평가될 수 없는 문화재에 대한 입장도 신뢰하지 않고 다양하게 적대적인 태도를 보이고 있다. 마치 문화를 경멸하는 음울한 속물근성이 청교도주의의 삶의 이상 속에 포함되어 있었던 게 아닌 것처럼 말이다. 적어도 학문에 대해서-증오했던 스콜라 철학은 제외하고-정면으로 반대한 것은 옳다. 그리고 청교도주의 운동의 위대한 대표자들은 이것을 넘어서 르네상스의 교양 속으로 깊이 빠져들었다. 그 운동을 펼친 장로교파 진영의 설교들은 고전주의자들에 의해서 흠뻑 적셔졌다.

그리고 급진주의자들의 설교는 당연히 인정받지 못했음에도 불구하고, 신학적인 논쟁에서는 그들의 박식함이 경멸적으로 거부되지는 않았다. 청교도주의가 성립하던 초기 세대들에게 있어서 뉴잉글랜드처럼 '대학 졸업자'가 많았던 나라는 아마도 없었을 것이다. 예를 들어, 버틀러(Butler)의 '휴디브라스'(Hudibras) 같은 반대자들의 풍자는 청교도들의 탁상지식과 훈련받은 변증론법에 삽입되었다. 이것은 부분적으로는 가톨릭의 '암묵적 신앙'(fides implicita)의 입장에서 귀결되어 지식을 종교적으로 평가하는 것과 관련을 맺었다.

사람들이 비학문적인 문헌, 더 나아가서 관능 예술의 영역과 관련을 맺자마자 사정은 달라졌다. 여기에는 물론 기쁨에 가득 찼던 고대 영국인의 삶에 내린 서리처럼 금욕이 자리를 잡고 있었다. 그리고 세속적인 축제들만 이것과 관련이 있었던 것은 아니다. '미신'을 감지하는 모든 것에 대해, 그리고 마법적으로 또는 격식에 얽매인 방식으로 은총을 기부받는 모든 추억에 대한 청교도들의 노여움과 증오는, 메이폴(5월 메이데이 축제에 리본 등으로 장식된 기둥)과 격식에 얽매이지 않는 교회의 예술연습과 전적으로 비슷한, 기독교의 크리스마스 축제를 추구하였다.

네덜란드에서는 종종 거칠면서도 실재주의적인 위대한 예술의 발전을 위한 공간이 있었다는 사실이 오직 다음과 같이 증명되고 있다. 즉 네덜란드에서 권위적으로 집행된 풍속의 규제가 이러한 방향에 따라서 궁정과 통치자(연금 생활자 계층)계층의 영향에 대해서는 배타적이지 못했으며, 그러나 부유해진 소시민의 삶의 쾌락에 대해서도 배타적이지 못했는데, 그 까닭은 칼뱅주의 신권정치의 짧은 지배가 냉철한 국가교회주의를 해체함으로써 그리고 칼뱅주의가 금욕적 홍보 효과를 현저하게 상실해버림으로써 그렇게 된 것이다.

극장은 청교도들에게 혐오스러운 것이었으며, 에로틱한 것과 나체화는 가능한 범위에서 엄격하게 배제됨으로써 문학과 예술에서 더욱 급진적인 견해가 가만히 있지를 않게 되었다. '잡담', '대단히 가변적인 것', '허영심에 찌든 과시'라는 개념들이-비합리적이고 복적이 없는, 따라서 금욕적이지 않고, 더욱이 신의 명예를 위한 것이 아니라 인간에게 봉사하는 태도를 나타내는 모든 것-예술적인 동기를 사용하는 모든 것에 반대해서 냉철한 합목적성을 결정적으로 장려하기 위해서 빠르게 준비되었다.

이것은 개인의 직접적인 장식품, 예를 들어 의복 같은 것이 중요하게 여겨진 곳에서 통용되었다. 오늘날 생산의 '규격화'에 대해 자본주의적 관심을 많이 갖고 있는 삶의 양식을 균일화하려는 강력한 경향은 '피조물을 신격화'하는 것을 거부하는 데에 관념적인 토대를 가지고 있었다. 사람들은 청교도주의가 세계의 많은 대립을 포함하고 있다는 점, 예술에 있어서 시대를 초월한 위대한 작품에 대한 본능적인 감각이 자신들의 지도자들에게는 '귀인들'의 생명에 필요한 공기보다 확실히 더 중요한 점 그리고 렘브란트처럼 유일하고 천재적인 인물이 청교도주의 신의 은총 앞에서는 거의 변화를 찾지 못할 것이라는 점, 그렇지만 청교도주의의 종파적인 환경이 서로 다를지라도 신의 창조의 방향에서는 본질적으로 모든 결정에 함께 참여하게 되었다는 점을 잊어서는 안 된다. 하지만 전체적으로는 아무것도 변한 게 없는데, 청교도의 생활 분위기를 더욱 광범위하게 형성해 나가는 것이 필연적으로 따를 수밖에 없었지만, 문학과 후대의 가문들에게 비로소 도움이 되었던 인격의 강력한 내면화만 있었을 뿐이다.

우리는 이와 같은 모든 방향에 대한 청교도주의의 영향을 여기서 더욱 자세하게 논하지는 못하고, 순전히 미학적 유희나 체육을 통한 유희에 기여하는 문화재를 즐기는 것을 허용하는 일이 어쨌든 간에 항상 특징적인 한계, 즉 그것이 아무것도 요구해서는 안 된다는 한계를 발견하게 될 뿐이라는 사실을 마음속에 그려내기만 할 것이다. 인간은 단지 신의 은총을 통해서 자신에게 주어진 재산을 관리하는 자일 뿐이며, 성서에 있는 노예처럼 각자에게 맡겨진 적은 돈에 이르기까지 해명하지 않으면 안 된다. 그리고 적어도 신의 명예를 위해서가 아니라 자신의 유희를 위해 가치가 있다고 생각하는 목적으로 돈을 지출한다는 것은 걱정스러운 일이다.

눈을 뜨고 있는 사람에게는 이러한 견해를 가진 대표자들이 현재에 이르기까지 보이지 않았을까? 봉사하는 관리인으로서 또는 정확하게는 '돈 버는 기계'로서 스스로를 종속시키는 사람들에게 맡겨진 소유물에 대해서 인간의 책임이 있다고 하는 사상은 삶에서 냉혹한 어려움에 직면하게 된다. 재산이 많으면 많을수록-만일 금욕적 삶의 태도가 시련을 이겨낸다면-신의 명예를 위해 재산을 온전하게 유지하고 끊임없는 노동을 통해 재산을 증식하는 것에 대한 책임감도 더욱 커지게 된다. 또한 이러한 생활방식이 발생한 것은 근대 자본주의 정신의 수많은 구성요소처럼 개별적인 근원에서는 중세까지 거슬러 올라간다. 그러나 이러한 생활방식은 금욕적 프로테스탄티즘의 윤리에서 비로소 자신의 철저한 윤리적 토대를 발견하였다. 자본주의 발전을 위한 그것의 의미는 명백하다.

프로테스탄티즘의 세속적 금욕은-우리는 지금까지 언급한 것을 다음과 같이 요약할 수 있다-따라서 소유물을 무분별하게 향유하는 것에 반대하는 방향으로 커다란 영향을 끼쳤으며, 특히 사치스러운 소비를 억압하였다. 이에 반해서 이 금욕이 심리적 효과라는 측면에서는 재화의 획득을 전통주의적 윤리의 심리적 압박에서 벗어나게 해주었다. 그리고 이 금욕은 이익을 얻으려는 노력을 합법으로 인정했을 뿐만 아니라 (이미 서술한 의미에서) 직접 신의 뜻에 따른 것으로 봄으로써 그러한 노력을 속박하는 것을 분쇄하였다.

육체의 쾌락과 외적인 재화에 집착하는 것에 대항한 투쟁은, 청교도들과 퀘이커교도의 위대한 옹호자들과 더불어 바클레이(Barclay)가 분명하게 입증하고 있듯이, 합리적 이윤획득에 반대한 게 아니라 오히려 소유물을 비합리적으로 사용하는 것에 대한 투쟁이었다. 하지만 이러한 비합리적 사용은 피조물을 신격화하는 것으로써 저주받아야 할 사치의 겉치레 형식을 가치 있는 것이라고 평가하는 데에서 나타난다. 이러한 사용은, 개인과 전체의 삶의 목적을 위하여 신이 원한 바의 합리적이고 공리적인 사용 대신에, 봉건적인 감각에 훨씬 가깝다. 그것은 소유자에게 고행을 강요하고자 한 것이 아니라, 자기 소유물을 필수적이고 실제로 유용한 일을 위해 사용하기를 원했다.

'안락함'(comfort)이라는 개념은 윤리적으로 적법한 사용 목적의 범위를 특징적인 방식으로 포함하고 있으며, 사람들이 그러한 개념에 결부된 생활방식의 발전을 이러한 전체적인 인생관을 가장 철저하게 대표하는 사람들에게서, 즉 퀘이커교도들에게서 가장 먼저 그리고 가장 분명하게 관찰했다는 사실은 결코 우연이 아니다. 견실하지 못한 경제적 토대 위에서 근거를 두고 무미건조한 단순성의 초라한 세련미를 더 선호하는 허식과 겉만 번지르르한 중세 기사풍의 화려함에 대항해서 퀘이커교도들은 시민적 '가정'(home)의 맑고 견실한 안락함을 이상(Ideal)으로서 정립하였다.

사적 경제가 생산하는 부(富)라는 측면에서 금욕은 부정의(不正義)에 대항해서 뿐만 아니라 순전히 충동적인 탐욕에 대항해서도 싸웠다. 왜냐하면 이 충동적인 탐욕은 부자가 되려고 부를 획득하는 것을 최종 목적으로 하는 '탐욕스러움', '황금만능주의'등으로서, 부를 획득하려는 이와 같은 노력은 저주받았기 때문이다. 어쨌든 소유 그 자체가 유혹이다.

그런데 여기서 금욕은 '항상 선을 원하면서도 악'을-금욕의 의미에서 소유와 소유에 대한 유혹이 악이라는-'만들어내는'힘이었다. 왜냐하면 금욕은 구약성서와 함께 그리고 '선행'의 윤리적 가치평가를 완전히 유추함으로써 목적으로서의 부를 추구하는 데에서 혐오스러운 것의 정점을 보기는 했지만, 그러나 직업노동의 열매로서 부를 획득하는 데에서는 신의 은총을 보기도 했기 때문이다.

이뿐만 아니라 더욱 중요한 것은, 단적으로 최고의 금욕적 수단이자 동시에 부활한 인간과 그의 신앙의 순수성을 가장 확실하고 가장 가시적으로 증명해주는 것으로써, 꾸준하고 영속적이면서도 체계적인 세속적 직업노동의 종교적 가치는 우리가 여기서 자본주의 '정신'이라고 명명한 인생관의 확장을 위해서 생각할 수 있는 가장 강력한 지렛대였음이 틀림없었다는 사실이다. 만일 우리가 이제 그와 같은 소비 억제를 영리추구를 허용하는 것과 결부시킨다면, 금욕적으로 강요된 저축을 통한 자본의 형성이라는 외적인 결과가 더욱 가깝게 다가올 것이다. 획득한 것에 대한 소비적 사용에 대립하는 심리적 압박은 설비자본으로서의 생산적 사용에 도움이 되지 않으면 안 되었다. 이와 같은 작용이 얼마나 강력했는지는 숫자상으로 적합하게 그리고 정확하게 규정하기가 어렵다.

뉴잉글랜드에서는 그 연관성이 명료하게 드러났는데, 이미 도일(Doyle) 같은 뛰어난 역사가의 눈이 그것을 놓치지 않았다. 하지만 엄격한 칼뱅주의에 의해서 단지 7년 동안만 실제로 지배당했던 네덜란드에서는, 종교적으로 더욱 더 진지한 모임을 지배하던 더 거대하면서도 단순한 삶이 엄청난 부를 쌓았는데, 그때 사람들로 하여금 부당한 자본을 축적하도록 하는 병적욕망을 자극하기도 하였다. 더욱이 모든 시대, 어디에서나 존재했고 오늘날 우리에게서도 정당한 영향을 미치고 있는 시민적 능력의 '귀족화'경향은 봉건적 생활 형태에 대한 청교도주의의 혐오를 통해서 뚜렷하게 저지되었음이 틀림없었다.

17세기 영국 중상주의 저술가들은 영국에 대한 네덜란드의 자본권력이 우월했던 원인을 다음과 같은 점에서 찾았다. 즉 영국에서는 네덜란드에서처럼 새로 획득한 재산을 규칙적으로 토지에 투자하여 설계함으로써 그리고-왜냐하면 이것이 토지를 구입하는 것에만 오로지 달린 게 아니었기 때문에-봉건적 생활관습으로 이행함으로써 사람들이 귀족의 일원으로 되고자 하였고, 또 바로 이 때문에 자본주의적으로 이용하는 것이 거절되었다는 점에서 찾았다.

또한 청교도들에게는 농업이 특별히 중요한 것으로 평가되었으며, 경건성의 관점으로 볼 때도 특별히 유익한 산업부문으로 평가된 농업은 (예를 들어, 백스터에게서) 임대주가 아닌 소지주와 자작 농민에게 해당하였으며, 18세기에는 젊은 귀족(Junker)이 아닌 '합리적인'농민에게 해당하였다. 17세기 이후로 영국 사회를 통해서 '대지주'(Squirearchie)와 '옛날 번영한 영국'의 인부들, 그리고 그 사회적 권력 안에서 심하게 동요하던 청교도들 사이에 갈등이 생겨났다.

이 둘의 성향, 즉 있는 그대로의 소박한 삶에 기뻐하는 성향과 엄격하게 규율을 지키고 자기 통제를 하며 관습적이고 윤리적인 규제를 따르는 성향은 오늘날도 여전히 영국 '국민성'에 남아 있다. 그리고 이와 마찬가지로 북아메리카에 식민지를 획득하던 초기 역사를 통해서도 하인들의 노동력을 가지고 개척한 식민지를 바탕으로 해서 대지주로서 생활하기를 원했던 '모험가들'과 청교도들의 특별한 시민적 신념이 날카롭게 대립하고 있었다.

청교도주의 인생관은 자신들의 힘이 닿는 한에서는 무슨 일이 있어도 반드시-이것은 당연히 자본을 형성하기를 단순히 좋아하는 것보다 훨씬 중요하다-시민적이고 경제적으로 합리적인 생활태도에 이르려고 하는 경향에 도움이 되었다. 그리고 이 인생관은 생활태도 가장 본질적이고, 무엇보다도 유일하고 철두철미한 담당자였다. 그것은 근대 '경제인'(Wirtschaftsmensch)의 기원이 되었다.

이러한 청교도적 삶의 이상은 청교도들이 매우 잘 알고 있는 부의 '유혹'때문에 너무나 강력한 시련을 겪음으로써 꺾여버렸다는 사실이 분명하다. 우리는 청교도 정신의 참된 신봉자들을 소시민과 농부들의 포함하여 막 생겨나기 시작한 계층에서 매우 규칙적으로 발견하고 있으며, 퀘이커교도들에게서 과거의 이상을 종종 부정할 준비가 되어 있는 '복받은 가진 자들'을 발견하곤 한다.

이것은 현세적 금욕의 선구자들, 즉 중세 수도원의 금욕이 항상 반복적으로 굴복해버린 것과 동일한 운명이었다. 만일 바로 여기서 엄격하게 규율을 따르는 생활을 하고 소비를 억제한 곳에서 합리적인 경제운영이 그 영향력을 완전히 펼쳤더라면, 획득된 재산은 직접-종파분열 이전 시대에서처럼-귀족화라는 디락의 길을 걸었거나, 아니면 수도원의 기율이 붕괴하는 위험에 처했을 것이며, 수많은 종교개혁 가운데 하나가 개입했을 것임이 틀림없다. 그렇지만 수도원 계율의 전체 역사는 어떤 의미에서 소유물의 세속화 문제와 항상 새롭게 투쟁한 역사이다. 청교도주의의 세속적 금욕을 위해서도 압도적인 정도로 같은 일이 일어났다.

18세기 말엽에 영국의 산업이 번창하기 전에 선행했던 감리교의 '신앙부흥'은 그와 같은 수도원 개혁과 더불어 아주 잘 비교될 수 있다. 이제 여기서 아주 적합하다고 할 수 있는 처지가 있는데, 이것은 존 웨슬리에 의해서 지금까지 언급된 것에 대한 표어로서 자리매김하고 있다. 왜냐하면 그것이 보여주고 있는 것은, 금욕적 방향의 지도자들 스스로가 여기서 설명되고 제시된 매우 역설적인 연관성을 넘어서 어떻게 완벽했는지, 더욱이 여기서 전개된 의미에서 어떻게 분명해졌는지 하는 점이기 때문이다. 웨슬리는 다음과 같이 서술하고 있다.

"나는 늘 부가 증가한 곳에서 종교의 알맹이가 같은 정도로 약화하는 것을 염려하였다. 따라서 나는 순수한 종교심의 어떤 부흥을 사물의 본성에 따라서 오랫동안 지속시키는 것이 어떻게 가능한지 모르겠다. 왜냐하면 종교란 근면뿐만 아니라 절약도 필연적으로 일으킬 것임이 틀림없기 때문이며, 이러한 근면과 절약이 부를 가져올 수밖에 없기 때문이다. 하지만 만일 부가 증가하면 자부심과 격정 그리고 온갖 형태의 세상에 대한 애착도 증가하게 된다. 그러므로 감리교가, 즉 심장(Herz)의 종교인 감리교가 지금은 푸르러지는 나무처럼 번성하지만, 어떻게 해야만 이 상태를 지속할 수가 있을까? 감리교도들은 어디에서나 근면하고 절약하며, 이에 따라서 자신들의 재산은 증가한다. 따라서 그들의 자부심, 격정, 육욕적이고 세속적인 욕망과 삶의 자만심도 커진다. 그래서 종교의 형식이 남아있기는 하지만 정신은 점차 사라져버린다. 순수 종교의 이와 같은 끊임없는 쇠락을 막을 그 어떤 방법이 있을까? 우리는 사람들에게 근면하고 절약할 것을 방해해서는 안 된다. 우리는 모든 기독교인에게 그들이 얻을 수 있는 것을 얻고 절약할 수 있는 것을 절약하라고, 다시 말해서 결과적으로 '부유해지라고'훈계를 하지 않으면 안 된다."(이에 뒤따르는 훈계는, 할 수 있는 모든 것을 얻고, 할 수 있는 모든 절약을 하고, 그래서 은총 안에서 커가면서 천국에서 보물을 모으기 위해서는 할 수 있는 모든 것을 베풀어야만 한다는 것이다.) 사람들은 이것이 개별적인 모든 것에 이르기까지 여기서 조명해온 연관성이라는 사실을 보고 있다.

여기서 웨슬리가 말하고 있는 것처럼, 완전한 경제적 영향을 펼친 강력한 종교적 운동은 경제적 발전을 위한 중요성을 맨 먼저 금욕적 교육에 영향을 끼치는 데에서 찾았으며, 이것은 규칙적이었다. 그런데 이것은 순전히 종교적인 황홀감의 절정이 이미 고도로 상승하고, 신의 왕국을 추구하는 필사의 노력이 점차로 냉철한 직업적 도덕 안으로 해체되어 들어가기 시작함으로써, 그리고 종교적인 뿌리가 서서히 소멸하고 공리주의적인 현세주의에 자리를 마련해줌으로써 이루어졌다.

다우든(Dowden)의 말을 빌리면, 대중적인 공상(空想)을 다룬 '로빈슨 크루소'에는 별도의 선교 일을 하는 고립된 경제인이 '허영의 시장'(市場, Jahrmarkt)을 통해서 천국에 이르려고 내적으로 고독하게 노력하면서 급하게 서두르는 버니언의 '순례자'의 자리를 대신해서 등장하고 있다. 그런 다음 더 나아가서 '두 세계를 최대한 이용하라'(to make the best of both worlds)는 원칙이 지배하고 있었을 때는–마찬가지로 다우든이 주의를 준 것처럼–결국 바른 양심이 일련의 안락한 시민적 삶의 수단으로 편입되었다. 이것은 '편안한 잠자리'(sanftes Ruhekissen)라는 독일 속담이 아주 잘 표현해주고 있다.

그렇지만 종교적으로 활기가 넘치던 17세기가 공리적 유산을 남겨준 것은 무엇보다도 영리활동에서 엄청나게 선한–우리는 바리새인의 선이라고 자신 있게 말하는 바이다–양심인데, 이것은 다르게는 오로지 합법적인 형식으로 수행된 것이다. '신을 기쁘게 하는 것은 어렵다'(Deo placere vix potest)는 이 말의 잔재는 사라져버렸다. 특별한 시민적 직업윤리가 생겨났다. 신의 완전한 은총 안에 있으며 신에 의해서 가시적으로 축복을 받게 된다는 의식을 가진 시민적 기업가는, 형식적인 정확성의 제한 안에서 스스로가 유지될 때, 그리고 자신의 윤리적 변화가 나무랄 데 없고 자신이 부를 사용하는 것이 결코 예의에 어긋나지 않았을 때, 자신의 영리활동에 대한 관심을 추구할 수 있었으며 또 그렇게 행해야만 했다.

종교적 금욕이라는 권력은 이것을 넘어서 냉정하고 양심적이며 엄청난 노동의 능력을 갖추고 신이 원하는 삶의 목적으로서의 노동에 결부해 있는 노동자를 그런 기업가의 처분에 맡겼다. 게다가 그 권력은 그런 기업가를 안심시키는 보장, 즉 현세의 재물을 균등하지 않게 분배하는 것이 신의 섭리에 대한 완전히 특별한 활동이라는 보장을, 그리고 이러한 차별과 함께 오직 개별적인 은총에 의해서만 우리에게 알려지지 않은 비밀스러운 목적을 추구한다는 보장을 해주었다.

이미 칼뱅은 다음과 같은 잠언을 종종 인용한 바 있는데, 그것은 '백성', 즉 노동자와 수공업자로 이루어진 대중은 가난할 때만 신에게 복종한다는 것이다. 네덜란드 사람들(Pieter de la Court와 다른 사람들)은 이것을 다음과 같이 '세속화' 하였다. 대중은 궁핍이 몰아칠 때만 일을 한다. 그런 후에 자본주의 경제를 주도하는 동기를 형식화하는 것은 그것을 넘어서 더 낮은 임금의 '생산성'이라는 이론의 물결에 도달하였다. 여기에는 그 사상의 종교적인 뿌리가 소멸해감에 따라 공리적인 전환이 눈에 띄지 않게 자리를 잡기도 했는데, 그 사상이란 우리가 늘 반복해서 고찰한바 있는 발전의 도식에 따른 것이었다.

중세의 윤리는 구걸을 허용했을 뿐만 아니라 탁발수도회에서 바로 이것을 찬미하기도 하였다. 또한 세속의 거지들은, 때에 따라서 가진 자들에게 동냥을 줌으로써 선행을 하게 하기 때문에, 경우에 따라 '신분'을 나타내고 인정을 받기도 하였다. 스튜어트 왕조의 영국 국교 사회윤리는 내적으로 이러한 태도에 매우 가까웠다. 여기에 근본적인 변화를 가져온 엄격한 영국의 빈민구호법을 제정하는 일이 청교도적 금욕의 몫으로 남겨졌다. 그리고 프로테스탄티즘의 종파들과 엄격한 청교도 공동체들은 자신들의 내부에 구걸이 있음을 실제로 몰랐기 때문에 그것이 가능할 수 있었다.

그러면 다른 측면에서는, 즉 노동자라는 다른 측면에서 살펴보면, 예를 들어 친젠도르프라는 경건주의가 작용한 방식은, 이윤을 추구하려는 게 아니라 직업에 충실한 노동자는 사도를 전형으로 해서 살아가고, 따라서 카리스마를 부여받은 제자라고 찬미하는 방식이었다. 이와 유사한 사상이 재세례파 초기에는 더욱 급진적으로 광범위하게 퍼져있었다. 그런데 거의 모든 신앙고백과 금욕적 문헌 전체는 다음과 같은 관점에 푹 빠져있었다. 즉 저임금에도 충실하게 노동하는 것은 삶이 다른 기회를 주지 않는다는 측면에서 어떻게 보면 신을 최고로 만족하게 하는 것이다. 여기서는 프로테스탄티즘의 금욕 그 자체가 아무런 새로운 것도 제시하지 못했다.

하지만 프로테스탄티즘의 금욕은 이러한 관점을 가장 강력하게 심화시켰을 뿐만 아니라 다음과 같은 규범, 즉 그 영향력에 좌우될 수밖에 없는 규범을 만들어냈다. 그 규범이란 직업(천직)으로서 이러한 노동을 이해하게 함으로써, 그리고 노동을 결국에는 종종 은총의 상태를 확실하게 해주는 유일한 수단이자 가장 탁월한 것으로 파악하게 함으로써 심리적인 추진력을 만들어낸 것이다. 또한 그 금욕은 다른 측면에서, 기업가의 돈벌이를 직업(천직)이라고 해석함으로써 이러한 특수한 노동 의욕의 착취를 합법화하였다. 천국에 이르려고 하는 배타적인 노력이 직업으로서 노동의 의무를 수행하는 것을 통해서 강력하게 장려되었음이 틀림없었다는 사실과 교회의 규율이 무산자 계급에 자연스럽게 강요했던 엄격한 금욕이 자본주의적 단어의 의미에서 노동의 '생산성'을 장려한 것도 틀림이 없었다는 사실은 명약관화하다.

노동을 '천직'으로 취급하는 것이 근대 노동자들에게 특징적이었던 것처럼, 기업가들에게는 영리활동을 천직으로 여기게 하였다. 윌리엄 페티 경(Sir William Petty)처럼 예리한 영국 국교회의 관찰자는 17세기 네덜란드의 경제 권력의 원인을 찾았는데, 네덜란드에서 특히 수많은 '(영국)비국교도'(칼뱅주의자와 침례교도)는 '노동과 근면한 직업 활동은 신에 대한 의무를 위한 것'이라고 생각한 사람들이었다는 사실이 바로 경제 권력의 원인이었다. 이것은 당시의 새로운 사실을 그대로 재현한 것이었다.

스튜어트 왕조 치하의 영국 국교회에서, 요컨대 로드(Laud)의 사상에 수용된, 국고의 독점적 전환에 들어있는 '유기적'사회제도에 청교도주의는 반대했는데—즉, 기독교적-사회적 하부구조의 토대 위에 있는 '독점업자'와 국가와 교회의 동맹에 청교도주의가 반대한 것이다. 청교도주의 대표자들은 국가적으로 특권을 부여받은 소매상인, 도매상인 그리고 식민지 자본주의 방식에 적극적으로 반대한 사람들이었다. 합리적이고 적법한 영리활동을 위한 개인주의적인 추진력은 자신의 유용성과 사업 욕구에 반대했다. 이 반면에 영국에서 국가적으로 특권을 부여받은 독점산업들은 전체적으로 곧 완전히 사라져버렸다. 그리고 그것은 부분적으로는 정부로부터의 폭력에 맞서서 생겨난 산업들에는 결정적으로 함께 관여하였다.

청교도들(Prynne, Parker)은 윤리적으로 의심스러운 계급으로서의 대자본주의적 특색을 지닌 '궁정사회의 구성원들과 계획을 수립하는 사람들'과의 공동체를 거부하였지만, 박해에 대항하는 진정한 근거를 만든 자신들의 분명한 시민적 상도덕에 대한 자부심을 느끼고 그들과 대립하였다. 디포(Defoe)도 은행어음을 거부하고 맡긴 돈을 찾음으로써 박해에 대항하여 투쟁할 것을 제안하였다. 이 두 가지 자본주의적 행동방식의 대립은 종교적인 대립들과 매우 광범위하게 제휴하였다. 비국교도에 적대적인 사람들은 18세기에도 항상 반복적으로 이들을 '작은 가게의 주인 정신'을 가진 사람들이라고 조롱했으며, 영국의 오랜 이상을 파멸시킨 사람들이라고 박해를 하였다. 여기에는 유대인의 경제 관습에 대한 청교도의 대립도 명문화되어 있었으며, 이미 그 동시대 사람들(Prynne)은 유대인이 아닌 청교도의 경제 관습이 시민적 경제 관습이었다는 것을 알고 있었다.

근대 자본주의 정신, 그리고 이뿐만 아니라 근대 문화의 본질적인 구성요소들 가운데 하나는 직업 관념에 토대를 둔 합리적인 생활태도라고 하는 것-이것을 지금 논하고 있는 데에서 증명해야만 했다.-이 기독교적 금욕의 정신에서 탄생하였다. 이제 사람들은 다시 한 번 이 책의 첫 부분에 인용된 프랭클린의 논문을 읽어볼 필요가 있다. 왜냐하면 거기서 '자본주의 정신'이라고 명명된 성향의 본질적인 요소들은 우리가 앞서 말한 청교도의 직업적 금욕의 내용으로서 발견한바 있는 바로 그것이기 때문이다.

그런데 이것은 프랭클린에게서는 이미 소멸해버린 종교적 기초를 가지고 있지는 않다. 근대의 직업노동이 금욕적 성격을 뚜렷하게 지니고 있다는 사상은 그렇지만 새로운 것도 아니다. 인류가 자신들을 제약하고 있던 파우스트적인 박식함을 포기함으로써 숙련노동에 한정하는 것은 오늘날의 세상에서 가치가 충만한 행위 일반의 전제이다. 그러므로 '행동'과 '포기'는 오늘날 서로를 불가피하게 제약하고 있다. 시민적 생활양식의 이러한 금욕적 근본 동기는-이것이 몰상식하지 않은 양식이고자 한다면-스스로 삶의 지혜의 정점에서, 괴테(Goethe)의 『빌헬름 마이스터의 편력시대』(Wilhelm Meisters Wanderjahren)에서 그리고 괴테가 파우스트에게 부여했던 삶의 종료 시점에서 우리에게 가르치려 했다. 그에게 있어서 이러한 인식은 우리의 문화발전 과정에서 고대 아테네의 전성기처럼 다시 반복되지 못하는 완벽하고 아름다운 인류의 시대와 결별을 의미하였다.

청교도들은 직업인이고자 하였다. 우리는 그렇게 되지 않으면 안 된다. 왜냐하면 금욕이 수도사의 방으로부터 직업생활로 옮기게 됨으로써 그리고 세속의 윤리가 지배하기 시작함으로써, 금욕은 이 부분에서 역학적이고 기계적인 생산물의 기술적이고 경제적인 전제들과 결부된 근대 경제조직의 강력한 질서를 수립하는 데 도움을 주었기 때문이다. 이 경제 질서에는 오늘날 이러한 동력장치로 태어난 모든 개인의 생활양식을-경제적으로 직접 영리활동을 하는 사람에게만이 아니라-압도적인 강제력으로 결정하고 있으며, 아마도 화석연료가 마지막으로 타들어 갈 때까지 점점 식어가면서 결정하게 될 것이다.

백스터의 견해에 따르면, 외적인 재물에 대한 염려는 '사람들이 언제

든지 벗어던질 수 있을 얇은 외투'처럼 성도들의 어깨에 걸쳐져 있어야만 하였다. 그러나 운명은 외투가 강철같이 단단한 집이 되게 하였다. 금욕이 세상을 개조하고 세상에 영향을 미치기 시작함으로써 이 세상의 외적인 재물들이 인간에게 권력을 행사하는 일이 더욱 늘어나게 되고, 마침내 인간에게 피할 수 없는 권력으로 자리 잡게 되었다. 이것은 이전의 역사에서는 결코 볼 수 없었다.

오늘날 금욕의 정신은-최종적인지 아닌지 누가 알겠는가?-이러한 집에서 달아나버렸다. 어쨌든 승리한 자본주의는 기계적인 토대 위에 근거를 둔 이래로 이러한 뒷받침을 더는 필요로 하지 않는다. 미소 띤 얼굴로 금욕을 유산으로 물려받은 계몽주의라는 상속자의 장밋빛 분위기도 결국에는 서서히 사라지고 있으며, '직업 의무'라는 사상은 옛적의 종교적 신앙 내용의 유령이 되어서 우리의 삶 속에서 떠돌아다니고 있다.

'직업의 수행'이 최고의 정신적 문화가치들과 직접 관련될 수 없는 곳에서-또는 반대로 그것이 단순히 주관적으로 경제적 강제로써 느껴져서는 안 되는 곳에서-개인은 오늘날 그것에 대한 해석을 대체로 거의 단념하고 있다. 영리획득이 가장 해방된 지역, 즉 미국에서는 종교적이고 윤리적인 의미를 상실한 영리획득을 위한 노력이 오늘날 순전히 투쟁적인 격정과 결합하는 경향이 있으며, 이러한 격정은 바로 스포츠의 성격을 영리획득에다 자주 각인하고 있다.

미래에 그 집에 살게 될 사람과 이러한 엄청난 발전의 종국에 가서 완전히 새로운 예언이 나타날는지 어떤지 또는 옛 사상과 이상(理想)의 강력한 부활이 탄생할는지 어떤지, 아니면-이 둘 중 그 어떤 것도 아니라면-기계화된 화석이 필사적으로 자신의 문제를 대단하게 내세우는 방식으로 위장을 할는지 어떤지는 아무도 모른다. 그렇다면 이와 같은 문화발전에 나타나는 '최후의 사람들'을 위하여 다음과 같은 말이 진리가 될 수도 있을 것이다. "영혼이 없는 전문가, 심장(가슴)이 없는 향락주의자, 이처럼 아무것도 가진 게 없다는 것은 일찍이 인류가 결코 도달하지 못했던 단계에 다 올라갔다고 착각하게 될 것이다."

그렇지만 우리는 이로써 가치판단과 신앙판단의 영역에 빠져들게 되며, 이러한 판단 때문에 순전히 역사적인 서술에 대한 부담을 가져서는 안 된다. 오히려 과제는 지금까지의 서술에서 단지 제기하기만 했던 금욕적 합리주의의 의미를 사회-정치적 윤리의 내용을 위하여, 따라서 비밀집회에 대한 사회적 공동체의 조직과 기능의 방식을 위하여 제시하는 일이다.

그런 후에는 금욕적 합리주의와 휴머니즘적 합리주의 그리고 이 합리주의의 삶의 이상과 문화의 영향과의 관계가 분석되어야만 할 것이다. 더 나아가서 금욕적 합리주의와 철학적이고 과학적인 경험주의의 발전과의 관계 그리고 기술적 발전과 정신적 문화재와의 관계도 반드시 분석되어야 할 것이다.

마지막으로는 금욕적 합리주의의 역사적 생성이 중세의 세속적 금욕의 발단으로부터 추적되어야 할 것이고, 이 합리주의가 순수 공리주의 속으로 녹아든 것이 역사적으로 그리고 금욕적 종교심이 전파된 개별 지역을 통해서 추적되어야 할 것이다. 그 결과 금욕적 프로테스탄티즘이 가지고 있는 문화의 중요성 정도가 근대 문화의 다른 선명한 요소들과의 관계에서 밝히게 될 것이다.

여기서는 금욕적 프로테스탄티즘의 사실과 방식을 처음으로, 비록 중요하기는 하지만, 한 가지 점에서 그 동기들로 환원시키고자 하는 시도가 있었다. 하지만 더 나아가서 그런 다음에는, 프로테스탄티즘의 금욕이 자신들의 측면에서 사회적 문화의 조건들, 특히 경제적인 조건들의 총체를 통해서 그것의 생성과정과 특징 안에서 영향을 받게 된 방식이 밝혀지지 않으면 안 될 것이다. 왜냐하면 비록 근대인이 완전히 스스로 최선의 의지를 갖추어서 할 수 없었다고 하더라도, 생활태도에 대한 종교적 의식내용이라는 의미는 문화와 국민성을 갖추고 있으며, 그래서 이것이 실제로 존재했던 방식이 상상이 될 수가 있기 때문이다.

그럼에도 불구하고 이것은 일면적으로 '유물론적인'문화해석과 역사해석의 자리에, 마찬가지로 일면적으로 유심론적이고 인과론적인 문화해석과 역사해석을 정립하려는 의도는 당연히 들어설 수가 없다. 이 양자가 동시에 가능하지만, 그러나 연구의 예비 작업이 아니라 연구를 종결해야 할 경우에는 이 양자를 가지고는 역사적 진리를 구명하는 데에 거의 도움이 되지 않는다.

프로테스탄티즘의
윤리와
자본주의 정신

해제

1. 저자 소개
2. 작품 전체에 대한 소개
3. 작품의 주요 내용
4. 작품의 시대적 의의
5. 막스 베버 연보

해제 :
프로테스탄티즘의 윤리와 자본주의 정신

1. 저자 소개

독일이 낳은 저명한 사회과학자인 막스 베버(Max Weber)는 1864년 4월 21일 독일 중부에 있는 작은 도시인 에어푸르트(Erfurt)에서 태어나서 1920년 6월 14일 독일 남부의 도시 뮌헨(München)에서 폐렴으로 사망하였다.

베버는 1882년 베를린에서 고등학교(Gymnasium)를 졸업하고 하이델베르크 대학교에 입학하는데, 베버의 고등학교 시절에 대해서 훗날 그의 부인인 마리안네 베버(Marianne Weber)는 베버의 전기(*Max Weber. Ein Lebensbild. Mohr,* Tübingen 1926)에서 베버가 학업에 그다지 주의를 기울이지 않고 오히려 독서에 열광했다고 적고 있다.

그 예로써 베버는 이미 13세 때부터 쇼펜하우어(Schopenhauer), 스피노자(Spinoza), 칸트(Kant)와 같은 철학자들의 저술을 탐독하고, 괴테(Goethe)의 전집을 비롯한 문학 서적을 읽음으로써 다방면에 관심을 가졌다.

베버가 훗날 자신의 전공이 된 경제나 사회 분야뿐만 아니라 문학, 정치, 법률, 역사, 종교 등 사회 안에서 일어나고 행해지고 있는 문화의 전반에 대해서 커다란 관심을 가지게 된 것도 이런 독서뿐만 아니라 자신의 가문 그리고 그 당시 사회의 영향 때문이었다고 할 수 있다.

베버는 처음부터 경제학이나 사회학에 관심을 가졌던 것은 아니며, 오히려 1882년부터 1886년까지 하이델베르크와 괴팅엔 그리고 베를린 대학교에서 법학을 제1 전공으로 하고 국민경제학, 철학, 역사학을 공부하였다. 그러던 중 1883년에는 1년간 병역의무를 마쳤다.

그 후 1889년 『중세 상법 사회의 역사에 대하여』(*Zur Geschichte der Handelsgesellschaften im Mittelalter*)라는 논문으로 베를린 대학교에서 법학 박사학위를 취득하고 1892년에는 교수자격취득 논문으로 『공법과 사법의 의미에서 본 로마 농업사』(*Die römische Agrargeschichte in ihrer Bedeutung für das Staats- und Privatrecht*)를 발표하였다.

이 논문으로 베버는 1893년 29세의 나이에 베를린 대학교에서 상법 강의를 하면서 본격적으로 사회학자의 길로 들어서는 동시에 마리안네와 결혼을 하게 되는데, 마리안네는 베버의 사후에 베버 전기를 출판하였다.

1894년에는 프라이부르크 대학교 교수가 되어 국민경제학 강의를 하면서 특히 경제학에 많은 관심을 기울이게 된다. 이어 1896년부터는 최초의 모교인 하이델베르크 대학교에 교수로 초빙되어 역시 경제학의 여러 분야인 이론경제학, 실천경제학, 노동문제 등의 과목을 강의하였다.

이때부터 베버의 연구 활동이 본격궤도에 올라가야 했지만, 1897년 평소 사이가 좋지 않던 아버지의 죽음과 자신에게 닥친 신경질환이 더욱 악화하여 요양과 연구를 반복하던 중 결국 1903년 39세의 나이에 교수직을 사임하게 된다.

그렇지만 다행히 베버의 병세가 호전되었고, 1904년 에드가 야페

(Edgar Jaffé), 베르너 좀바르트(Werner Sombart)와 함께 『사회과학 및 사회정책 잡지』(*Archiv für Sozialwissenschaften und Sozialpolitik*)의 편집을 맡아서 대중적인 활동을 시작한다. 『프로테스탄티즘의 윤리와 자본주의 정신』(*Die protestantische Ethik und der Geist des Kapitalismus*)도 베버가 이 잡지에 발표한 두 편의 논문을 엮은 것이다.

1909년에는 루돌프 골드샤이트(Rudolf Goldscheid), 페르디난트 퇴니스(Ferdinand Tönnies)와 함께 독일 사회학회(Die Deutsche Gesellschaft für Soziologie)를 설립하여 활동하지만, 서로의 관점이 충돌하여 1913년에 탈퇴를 한다. 하지만 베버는 하이델베르크에 있는 자신의 집에서 1903년부터 1918년까지 여러 분야의 학자들과 거의 정기적으로 토론 모임을 했는데, 여기에 참여한 사람들은 다음과 같은 당대의 지성인들과 정치가들이었다. 대표적으로 게오르그 짐멜(Georg Simmel), 게오르그 루카치(Georg Lukács), 에른스트 블로흐(Ernst Bloch), 구스타프 브루흐(Gustav Radbruch), 테오도르 호이스(Theodor Heuss), 베르너 좀바르트(Werner Sombart), 칼 야스퍼스(Karl Jaspers), 에밀 라스크(Emil Lask), 에른스트 트뢸취(Ernst Troeltsch), 게오르그 옐리넥(Georg Jellinek), 프리드리히 나우만(Friedrich Naumann) 등이 있다.

이런 가운데 제1차 세계대전이 발발하게 되고 베버는 예비역으로서 1914~1915년간 병원의 군무원으로 근무하였다. 그 후 1917년 9월 초에 빈(Wien) 대학교의 초빙을 받게 되고, 1918년 여름학기에 강의하던 중 과중한 부담으로 인해서 같은 해 6월에 하이델베르크로 되돌아가게 된다.

그렇지만 대학들은 베버를 재야에 머물 수 있도록 가만두지를 않았다. 그래서 그는 1919년 뮌헨 대학교의 국민경제학 교수로 초빙되어 강의하는 동시에 '바이에른 과학아카데미'(Die Bayerische Akademie der Wissenschaften)의 정회원으로 활동하였다. 이뿐만 아니라 괴팅엔대학교와 베를린대학교 그리고 본대학교에서도 베버를 교수로 초빙하려고 했지만 그는 이 모두를 거절하였다.

베버가 스스로 원한 교수직이었지만 학문적 연구 활동과 대외적인 왕성한 학회활동은 강의를 더 이상 할 수 없을 정도로 그의 건강을 해쳤다. 급기야 그는 1920년 스페인 독감에 걸렸고 폐렴으로 진행되어 6월 14일 56세를 일기로 뮌헨에서 세상을 떠났으며, 하이델베르크에 그의 묘지가 있다.

2. 작품 전체에 대한 소개

『프로테스탄티즘의 윤리와 자본주의 정신』은 처음부터 단행본으로 출판된 저술이 아니라, 1904~1905년에 발표된 두 편의 논문을 엮은 것이다. 베버가 이 책을 통해서 자본주의를 무조건 적극적으로 옹호하기만 하는 것은 아니다. 오히려 그는 오늘날에도 여전히 경제 원리로서 기능을 수행하고 있는 자본주의가 어디에 뿌리를 두고 있으며, 그 발전과정은 어떠했는지, 그리고 자본주의 원리가 더욱 공고해지려면 어떤 정신을 가져야 하는지를 고찰하고 있다.

인류의 역사에서 개인의 사유재산이 인정되기 시작하면서 인간은 물질적으로 점점 더 많이 소유하기를 원했으며, 이러한 욕심은 지금도 여전히 변하지 않고 앞으로도 변하지 않을 것이다. 즉 자본주의는 근대에 비로소 생겨난 것이 아니라 사유재산의 역사와 궤를 같이한다고도 할 수 있으며, 고대 동양이나 서양의 중세에도 자본주의는 존재하였다.

그렇다면 베버가 특별히 고찰하고 있는 자본주의는 어떤 것인가? 그것은 근대 서구의 자본주의이다. 그는 무엇 때문에 자본주의 전체를 고찰하지 않고 근대 서구의 자본주의에 한정했을까? 그 까닭은 근대 서구 자본주의 이전에는 합리성과 윤리가 결여되어 있었다고 베버는 생각했기 때문이다.

무한정한 이윤추구 또는 소유욕은 진정한 자본주의 정신에 어긋난다고 생각한 것이 베버의 견해였다. 베버에 따르면, 진정한 자본주의 정신은 종교개혁 이후 프로테스탄티즘의 윤리가 자본주의와 결부됨으로써 비로소 가능했다. 즉 금전 획득이나 소유 충족이 윤리적 정당성을 가질 때, 비로소 자본주의가 참된 발전을 이룩한다는 말이다.

명칭에서 알 수 있듯이, 이 책은 프로테스탄티즘의 윤리 중에서도 칼뱅주의가 근대 자본주의의 형성과정에 어떤 영향을 끼쳤는지를 집중적으로 다루고 있다. 종교개혁 이후에 등장한 프로테스탄티즘은 그 이전의 마법적 요소들을 배제하고 합리성을 갖춘 종교로 거듭났다.

이러한 종교적 합리성이 자본주의라는 경제체제와 결부될 때, 자본주의 그 안에서 윤리를 갖춘 경제체제로써 누구나 따라도 되는 제도가 된다. 그렇게 되기만 한다면 이윤을 획득하기 위해서 사람들이 저지르는 모든 불법과 탈법, 투기, 약탈 등은 근절될 수 있을 것이다. 이를 위해 베버는 규율 있고 절제 있는 삶의 태도를 강조하는데, 그는 이것을 금욕주의에서 찾고 있다.

베버에 따르면, 참된 자본주의 정신은 이윤을 무분별하게 추구한다거나 돈벌이 그 자체를 오로지 삶의 목적으로 설정하는 태도가 절대 아니다. 베버가 프로테스탄티즘의 윤리에 따라서 가장 중요하게 생각하고 있는 직업윤리의 근거는 '소명의식'이며, 이 소명의식에 결정적으로 기여한 교설은 바로 칼뱅주의의 '예정설'이다.

예정설은 신의 뜻에 따라 인간의 구원이 결정되어 있다는 교설인데, 이것은 인간의 실존적 불안을 야기했으며, 사람들은 이 불안을 떨쳐내고 직업에 충실하여 성공하면 신에 의해 선택된 자가 되는 것이라고 생각하였다.

하지만 구원을 얻기 위해서는 직업이 단순히 돈벌이만을 목적으로 하는 것이 아니라 소명(calling)이어야 했으며, 따라서 직업 활동에 따른 이윤 획득이 육체적인 향락을 위해서가 아닌 신의 명예를 드높이는 데에 기여하는 것일 때 사람들은 구원을 확신하게 되므로, 참된 자본주의 정신은 자기 자신의 구원을 확신하게 하는 정신과 다를 바가 없다.

여기서 베버는 직업윤리와 노동윤리를 포함하는 근대 자본주의 정신의 발생과 성립을 위한 가장 중요한 요소로서 '금욕주의'를 강조하였다. 중세에도 금욕주의가 있었지만, 그것은 수도원을 중심으로 한 탈속적 금욕주의였던 것이지만 근대 자본주의 정신은 현세적 금욕주의를 바탕으로 해야 된다는 말이다.

현세적 금욕이란, 마치 중세 수도사들이 행한 금욕처럼, 속세와는 아무런 관련이 없이 금욕 그 자체만을 목적으로 하여 근검절약과 성실한 직업생활을 추구한 청교도주의적인 금욕과는 다르다. 이러한 금욕은 자본주의적 경제원리에도 맞지 않을 뿐만 아니라 금욕을 통해서 획득한 부를 신의 명예를 드높이기 위해 사용해야 한다는 프로테스탄티즘의 윤리와도 배치되는 것이다.

그래서 베버가 칼뱅주의에 따라서 강조한 금욕은 소명의식에 따른 직업활동을 하는 것으로써, 충동적인 삶을 누리려는 목적에서 이윤을 추구하지 말 것을 신의 뜻에 따라 명령하는 것이다. 삶을 충동적으로 누린다는 말은 사람들이 자신이 획득한 이윤으로 사치와 낭비를 일삼고 정욕과 무분별한 삶을 즐긴다는 것이기 때문에, 이러한 삶은 신의 명령을 거역하는 것이며, 따라서 신의 은총에 의한 구원을 받을 수가 없다.

다시 말해서, 이러한 삶은 그저 부 자체를 목적으로 하여 부를 소유하고 누리는 데에 안주하기만 하는 것일 뿐이지 신의 섭리에 따른 소명의식을 실천하는 게 아니다. 그렇기 때문에 베버는, 바클레이(Barclay)의 말을 빌려서, 이렇게 살아가는 삶은 전혀 비윤리적인 삶이며, 신의 명령을 망각한 채 자신의 소유물을 신격화함으로써 저주받아야 할 삶이라고까지 평가한다.

따라서 이 책에서는 사람들이 "자신의 소유물을 필수적이고 실제로 유용한 일을 위해 사용하기를 원하고"있으며 또한 "개인과 전체의 삶의 목적을 위하여 신이 원한 바의 합리적이고 공리적으로 사용할 것"을 강조하고 있다. 그리고 "사적 경제가 생산하는 부(富)라는 측면에서 금욕은 부정의(不正義)에 대항해서 뿐만 아니라 순전히 충동적인 탐욕에 대항해서도 싸울 것"을 말하고, "충동적인 탐욕은 부자가 되려고 부를 획득하는 것을 최종 목적으로 하는 '탐욕스러움', '황금만능주의'"등을 낳기 때문에 저주받아야 마땅하지만, "직업노동의 열매로써 부를 획득하는 것"은 "신의 은총"이라고 말한다. 이것이 바로 이 책의 핵심이라고 할 수 있다.

3. 작품의 주요 내용

베버는 『프로테스탄티즘의 윤리와 자본주의 정신』의 첫 부분에 "자본의 소유자들과 기업가들이 프로테스탄티즘의 특징을 매우 뚜렷하게 보이고 있으며, 그뿐만 아니라 학식 있는 상위 노동자 계층과 소위 현대적 기업에서 기술적 또는 상업적으로 고도의 수련을 한 계층들도 프로테스탄티즘의 특징을 뚜렷이 나타내고 있다."고 한다. 그리고 "대규모 현대 산업과 무역에서 자본의 소유와 노동을 주도하고 있는 상위 계층들 가운데, 전체 인구비율에 비해 프로테스탄트의 비율이 상대적으로 월등하게 높은 까닭"을 종교개혁의 영향에서 찾고 있다.

즉 그는 이러한 경제적 현상이 종교개혁의 원인이 아니라 오히려 종교개혁의 결과로써 이와 같은 경제적 현상들이 생겨났다고 보았다. 말하자면 경제적인 측면에서 이전의 전통주의를 탈피한 것은 종교적인 측면에서 전통적인 권위에 대항하여 새로운 종교제도가 성립된 것과 밀접하게 연관되어 있다는 말이다.

하지만 새로운 종교제도가 사람들을 전통적인 관습으로부터 해방하기는 했지만, 다른 새로운 지배형태를 통해서 특히 경제적인 삶을 엄격하게 통제했다는 점을 베버는 간과하지 않는다. 이것을 베버는 특히 칼뱅주의에서 찾고 있으며, 이에 대해 다음과 같이 말하고 있다.

“칼뱅주의는 종교개혁이 확장되던 시대에 어느 나라에서든지 간에 개별적인 특정 계급과 결합하는 일은 거의 없었다. …… 이미 스페인 사람들은 ‘이단’(다시 말해서 네덜란드 사람들의 칼뱅주의)이 ‘상업 정신을 촉진한다’는 것을 알고 있었으며, …… 고타인(Gothein)이 다른 종교영역 안에 산재하는 칼뱅주의 신도들을 ‘자본주의 경제의 종묘원(種苗園)’이라고 칭한 것은 당연했다.”베버는 이렇게 종교개혁의 영향을 받은 자본주의 정신을 그다음으로 고찰하고 있다.

베버는 자본주의 정신에 대해 논리적으로 설명하지 않고 역사적 현실에서 정의하고 있다. 그래서 그는 “인간은 자기 삶의 목적으로서의 영리추구와 관계를 맺고 있는 것이지, 영리 추구가 인간의 물질적 삶의 욕구를 만족하게 하는 목적을 위한 수단으로서 인간과 관계를 갖는 것은 아니다.”라고 말하면서 삶의 목적이 구원에 있음을 분명하게 밝히고 있다.

또 다른 비유로는 신의 섭리 또는 신의 명령은 ‘거대한 우주’이고, 이 안에서 경제활동을 하는 개개인은 거대한 우주가 명령하는 규범에 따라서 이루어져야 한다는 것이 강조되고 있다. 이에 따라서 보면 자본주의 정신은 이미 신의 명령인 것이며, ‘황금을 향한 끔찍한 탐욕’은 양심이 없는 인간들만이 가지는 모험에 불과할 뿐이다.

이러한 설명이 주어진다고 해서 자본주의 정신이 정의되지는 않는다. 더 정확하게 말하면, 베버는 ‘자본주의 정신’에 대해서 엄밀하게 그리고 한마디로 정의를 하는 게 아니다. 다만 그는 자본주의 정신에 어긋나는 것을 몇 가지로 설명하고 있는데, 예를 들면 “황금을 향한 끔찍한 탐욕”, “어떤 규범과도 내면적으로 결합하지 않는 무분별한 영리활동”, “전쟁과 해적활동처럼 규범을 따르지 않는 자유로운 상업활동”, “윤리의 한계를 비웃는 내면적인 모험심리", "의식적이고 제한 없는 이윤추구의 무분별함"등의 태도가 그것이다.

그래서 베버는 노동을 천직(Beruf)으로써 생각하는 마음, 즉 자기 삶의 목적으로 생각해야 한다고 강조한다. 왜냐하면 삶의 목적이란 바로 '구원'이기 때문이며, 이것을 깨닫게 하는 것이 종교교육의 핵심으로써 '금욕'이다. 이런 것을 깨달은 후에 행하는 직업노동은 체계적이고 합리적일 수밖에 없으며, 그에 따른 결과로써 주어지는 이윤은 적법한 것이기 때문에, 이것이야말로 진정한 자본주의 정신이라는 게 베버의 주장이다. 그렇기 때문에 베버는 이어서 '천직'개념의 유래에 대해서 고찰하고 있다.

베버가 말하는 천직 개념은 독일어로 'Beruf'인데, 이것은 일반적으로 '직업'을 의미하며, 그는 "신에 의해서 부여받은 과제"라는 뜻에서 영어의 '소명'(calling)이 천직 개념에 더 가깝다고 한다. 그렇기 때문에 또한 그는 이 개념이 생계를 위해서 사람들이 평생 갖게 되는 종신직업을 의미하는 게 아니라고 말한다. 그리고 루터가 성서 가운데 『예수 집회서(11장 20절과 21절)』를 번역하면서 이 단어를 오늘날과 같은 의미로 번역했음을 밝히고 있다.

따라서 신에 의해서 부여받은 과제를 수행하는 천직으로서의 직업은 "세속의 일상노동이 지니고 있는 종교적 의미에 관한 관념을 피할 수 없는 결과로써 가지게 된 것을 말하며, 또한 이러한 의미에서 직업 개념을 처음으로 낳게 된 것이었다."그렇기 때문에 현세에서 직업활동을 한다는 것은 생계를 위한 것도 있지만, 직업을 통해서 신의 명령을 도덕적으로 수행하는 것이기도 하다. 이와 같은 직업활동을 베버는 신의 명령에 대한 '의무수행'이라고 보고 있다.

이 단어가 루터의 성서번역에서 유래하는 만큼, "'직업'이라는 개념에는 모든 프로테스탄트 교파의 중심 교의가 나타나 있는데, 여기서 중심 교의란 기독교의 도덕적 계율을 '명령'(praecepta)과 '권고'(consilia)로 구별하는 가톨릭을 배제하는 것이다. 그리고 그것은 신을 기분 좋게 하면서 살아가는 유일한 수단으로써, 수도사의 금욕생활을 통해서 세속의 도덕을 능가하는 것이 아니라, 개개인의 삶의 지위에서 주어지는 바와 같은 세속의 의무를 오직 충실히 이행함으로써만 자신의 '직업'이 된다는 관념이다."이에 따라서 보면 천직으로서의 직업 개념은 종교개혁 이전에는 사용되지 않았으며, 더욱 정확하게는 존재하지도 않았다고 할 수 있다.

왜냐하면 종교개혁 이전의 경제는 도덕과는 무관하게 비합리적인 투기를 일삼는 '모험적 자본주의'의 형태를 띠고 있었기 때문이다. 그렇지만 종교개혁을 거치면서 중세적인 토대는 사라졌으며, 직업 관념도 변하여 직업이 단순히 생계만을 위한 활동이 아니라 신의 명령에 의한 "세속적인 의무를 수행하는 일"로써 "모든 상황 중에서도 신을 기쁘게 하는 유일한 길이며, 오직 그것만이 신의 의지이고, 그렇기 때문에 허락된 모든 직업은 신 앞에서 동일한 가치를 지닌다는 점이 점점 더 강조되고 있다."이런 관점을 가진 베버는 루터의 사상을 통렬하게 비판한다.

그 까닭은 루터가 종교개혁의 선구자였지만, 광적인 추종자들과 농민 등에 의한 1520년대의 투쟁을 겪은 후에 다시 전통주의의 경향으로 되돌아가 버렸기 때문이다. 그 결과 루터는 사람들이 신의 섭리에 무조건 복종해야하는 것처럼, 직업과 신분에도 무조건 순응하지 않으면 안 된다고 주장하게 되었다. 하지만 베버는 이런 생각을 부정하고, 현세적 금욕이 바탕이 된 직업활동이라면 이윤추구가 정당성을 갖는데, 그러기 위해서는 직업에 현세적 금욕이라는 종교적 토대가 뒷받침되어야 한다고 주장하는 것이다.

베버는 '금욕적 프로테스탄티즘'을 칼뱅주의, 경건주의, 감리교파, 재세례(再洗禮)파 운동에서 생겨난 종파들 등의 네 부류로 나누고 있는데, 칼뱅주의의 금욕 태도가 다른 종파나 교파들에서 나타난 것보다 훨씬 더 탁월했으며, 따라서 자본주의 정신에 더 적합했다고 주장한다. 여기서 금욕이 강조되는 이유는 금욕이 지니는 도덕성 때문인데, 이러한 도덕성은 내세에 대한 사상과 결합하여 필연적으로 직업윤리에도 커다란 영향을 끼치는 것은 당연하다. 그렇지만 이 도덕성은 신의 명령이라는 권력 없이는 인간의 삶에 요구될 수가 없으며, 이렇게 신의 명령을 따를 때 인간은 은총 안에서 구원받게 되는 것이다.

"그것은 우선 독단적인 결과를 낳았다. 세상은-그리고 오직-신의 자기 예찬에만 기여하도록 규정되어 있으며, 선택된 기독교도는-그리고 오직-자기 분야에서 신의 계율을 집행함으로써 세상에서 신의 명예를 드높이도록 규정되어 있다. 그러나 신은 기독교도의 사회적 활동을 원한다. 왜냐하면 신은 삶의 사회적 형태가 자신의 계율에 적합하기를 원하며, 그 형태가 자신의 목적에 적합하도록 그렇게 방향이 정해지기를 원하기 때문이다. 세상에서 칼뱅주의자들의 사회적 노동은 오로지 '위대한 신의 영광 안에서'행해지는 노동이다. 따라서 모두의 현세적 삶에 기여하는 직업노동은 이와 같은 특징을 지니고 있다."

이렇게 신의 계율을 철저히 따르는 가운데 자신의 삶을 살아가고, 신의 명예를 드높이는 방향으로 노동하는 것이 직업노동이 지향해야 할 방향이라는 게 베버의 주장이다. 그 방향을 충실히 따르기만 하면 구원을 얻을 수 있는데, 그 방향에는 선한 행위가 전제되지만, 베버는 그렇다고 해서 선한 행위가 구원에 도달하기 위한 수단은 아니라고 말한다. 왜냐하면 선한 행위가 신에 의해 선택되었다는 표식이기는 하지만, 그러나 사람들이 스스로 선택하여 선한 행위를 하는 것이라고 느끼는 한 구원에 이를 수는 없기 때문이다. 오히려 선한 행위가 신의 작용에 의한 것임을 의식하게 될 때 사람들은 최고선에 이르게 되며, 최고선에 이르기 위해서 노력하게 될 때 사람들은 은총의 확실성을 갖게 된다는 게 칼뱅주의자의 주장이라고 베버는 말하고 있다.

따라서 "'이웃사랑'도-이것은 신의 명예를 위해서만 기여해야지 피조물을 위해서는 아니므로-무엇보다 첫 번째로 자연법에 의해서 주어진 직업 임무를 성취함으로써 드러나며, 동시에 고유한 물질적-비인격적 특징, 즉 우리를 둘러싸고 있는 사회질서의 합리적 형태에 기여하는 특징을 가지고 있다. 그 까닭은 성서의 계시에 따라서 그리고 자연적 직관에 따라서 인류의 '유용함'에 기여하도록 분명하게 편성되어 있는 이 우주의 놀랍도록 계획적인 형태와 조직이 신의 명예로서의 그와 같은 비인격적이고 사회적인 유용함을 위해 기여하는 데에 노동을 촉진하고, 따라서 신이 원한 바를 알도록 하기 때문이다."

위에서 보는 것과 같은 '이웃사랑'이 바로 '기독교적 금욕'을 현세에서 실천하는 좋은 예이다. 현세적 금욕은 금욕 그 자체를 목적으로 하는 게 아니며, 세상으로부터 단절되어 수도원 안에서만 행해지던 금욕도 아니었다. 오히려 성서의 계시와 자연적 직관에 따라서 사회질서를 합리적으로 이끄는 데에 기여하는 것이 바로 현세적 금욕이며, 따라서 직업활동이나 노동의 형태도 이에 따라서 행해져야 한다는 게 베버의 주장이다. 사람들이 직업활동과 일상생활에서 이러한 현세적 금욕의 실천을 증명할 수 있는 형태는 신에 의해서 부여받은 소명으로서의 직업활동을 하면서, 동시에 직업활동을 통해서 획득한 이윤을 일상생활의 향락이나 쾌락 또는 사치를 위해서 사용하지 않는 것을 의미한다. 바로 이러한 금욕을 실천할 때 사람들은 비로소 "신은 스스로 돕는 자를 돕는다."는 의미를 정확하게 이해할 수 있게 된다.

그런데 베버는 프로테스탄티즘의 금욕 가운데에서도 칼뱅주의에서 생겨난 청교도주의 금욕이 자본주의 정신에 가장 중요한 것으로 생각한다. 어떤 경제생활이건 간에 사람들은 성스러운 삶을 살기 위해 노력해야 하는데, 만일 게으름이나 정욕에 빠지고 시간을 낭비하는 생활을 하게 되면 엄청난 죄악을 저지르는 것이므로 내세에서의 구원은 무조건 불가능하다. 심지어 베버는 여덟 시간 이상 잠을 자거나 아무런 활동을 하지 않는 명상조차 혐오스러운 것으로 간주한다.

그뿐만 아니라 그는 성적인 금욕도 주장하는데, 그 까닭은 "성교는 부부에게 있어서도 오로지 신이 원한 것으로써만 신의 명예를 드높이는 수단이기 때문"이다. 따라서 사람들이 성스러운 삶을 살기 위해 가장 필요한 것이 바로 '노동'인데, "노동은 청교도주의가 '부정한 삶'(unclean life)이라는 개념으로 요약한바 있는 모든 유혹에 대항하는 특별한 예방책이었다."또한 "노동은 …… 신이 명령한 삶 일반의 자기 목적이다. '일하지 않는 자는 먹지 말라'는 바울의 명제는 무조건 타당하며 모든 사람에게 적용된다. 노동할 의욕이 없다는 것은 은총을 결여하고 있는 징후이다."

"재산을 많이 소유하고 있는 사람도 일하지 않고는 먹어서는 안 된다. 왜냐하면 비록 그가 자신의 욕구를 충족시키기 위한 노동을 할 필요가 없다고 하더라도, 그가 가난한 사람과 마찬가지로 반드시 복종해야 하는 신의 명령이 존재하기 때문이다. 또한 신의 섭리는 모든 사람에게 차별 없이 소명을 준비해두고 있으며, 사람들은 소명을 인식하고 소명 안에서 노동해야만 한다. 그리고 이러한 소명은 루터파에서처럼 사람들이 반드시 따라야만 하고 만족해야만 되는 신의 섭리가 아니라, 신이 자신의 명예를 위하여 개개인에게 일하라고 명령하는 것이다."

그렇다고 하더라도 맹목적이고 조건 없는 노동이 아니라 '합리적인 노동'이 중요하다. 그것은 "확실한 직업('certain calling', 다른 곳에서는 '확정된 직업'stated calling)"을 말하는 것이지 일용직 노동자나 임시직을 뜻하지는 않는다. 베버는 모든 사람이 신의 명예를 위해서 신의 명령에 따라서 합리적인 노동을 할 때, '보편적 복지'(common best)가 이루어진다고 주장한다. 그렇다면 청교도주의가 강조하는 직업에서의 금욕이란 무엇인가? 이에 대해 베버는 다음과 같이 말하고 있다.

"청교도주의 직업 관념에서 항상 강조되었던 것은 직업에서의 금욕에 대한 그와 같은 방법적 성격이었으며, 루터에게서처럼 신에 의해서 한 번 배당된 운명에 스스로 만족하라는 게 아니다. 따라서 누군가가 더 많은 직업을 가져도 되는지 어떤지 하는 물음에는 무조건 긍정적 답변이 주어질 것인데, 이것은 보편적 복지 또는 자기 자신의 복지를 위하여 유익하고 그 누구에게도 해가 되지 않을 경우에만 그리고 사람들이 자신이 종사하는 직업에 불성실하게(unfaithful) 임하지 않을 때만 긍정될 것이다.

그뿐만 아니라 직업을 바꾸는 것 자체도 결코 비난받아야만 하는 것으로 여겨지지는 않았는데, 분별없이 변덕스러워서가 아니라 신을 만족하게 하기 위해서, 즉 유익한 직업을 가지는 것이라는 보편적 원리에 상응하여 행해질 때가 그러한 경우이다.

그리고 무엇보다도 직업의 유용성과 이에 상응하는 신의 만족도는 첫째, 윤리적 척도에 따라서, 다음으로는 거기서 생산될, '모두'를 위한 물품의 중요성의 정도에 따라서, 그렇지만 이에 뒤따르는 세 번째는 자연적이고 실제로 가장 중요한 관점인 사적(私的) 경제의 '수익성'에 따라서 방향이 맞춰진다. 왜냐하면 청교도가 삶의 모든 섭리에서 작용하고 있음을 본 신이 그들에게 이익을 획득할 기회를 나타내 보일 때, 신은 자신의 의도를 드러내기 때문이다."

이렇게 보면 자본주의와 관련하여 청교도주의를 포함한 프로테스탄티즘의 금욕이 강조하는 것은 중세 수도사에게 요구된 조건 없는 금욕이 아니라, 최대한 많은 사람이 동일한 복지의 혜택을 입을 수 있도록 개인의 무분별한 물질적 욕구를 멀리하고 개인의 사치와 향락을 죄악시하는 의미에서의 금욕이다. 이런 의미에서의 금욕이 바탕이 된 자본주의 정신은 '공리주의적'이라고 할 수 있다.

그래서 사람들이 만일 부 자체만을 목적으로 하여 이윤을 추구한다면, 그것은 혐오스러운 것이며 동시에 신의 명령을 거역하는 것이 된다. 이렇게 쌓은 "부는 오로지 게으른 휴식을 하려는 것으로써 그리고 죄악시되는 생활을 누리려는 것으로써만 혐오스러운 것이며, 나중에 경솔하고 즐겁게 살아가기 위해서만 노력할 경우 혐오스러운 것이다. 하지만 직업의 의무를 수행하는 것으로써는 윤리적으로 허용되었을 뿐만 아니라 제공되기까지 하였다." 이제 베버는 다음과 같이 결론을 내린다.

"프로테스탄티즘의 세속적 금욕은 …… 따라서 소유물을 무분별하게 누리는 것에 반대하는 방향으로 커다란 영향을 끼쳤으며, 특히 사치스러운 소비를 억압하였다. 이에 반해서 이 금욕이 심리적 효과라는 측면에서는 재화의 획득을 전통주의적 윤리의 심리적 압박에서 벗어나게 해주었으며, 이익을 얻으려는 노력을 합법으로 인정했을 뿐만 아니라 …… 직접적으로 신의 뜻에 따른 것으로 봄으로써 그러한 노력을 속박하는 것을 분쇄하였다. 육체의 쾌락과 외적인 재화에 집착하는 것에 대항한 투쟁은 …… 합리적 이윤획득에 반대한 게 아니라 오히려 소유물을 비합리적으로 사용하는 것에 대한 투쟁이었다. 하지만 이러한 비합리적 사용은 피조물을 신격화하는 것으로써 저주받아야 할 사치의 겉치레 형식을 가치 있는 것이라고 평가하는 데에서 나타난다. 이러한 사용은, 개인과 전체의 삶의 목적을 위하여 신이 원한 바의 합리적이고 공리적인 사용 대신에, 봉건적인 감각에 훨씬 가깝다. 그것은 소유자에게 고행을 강요하고자 한 것이 아니라, 자기 소유물을 필수적이고 실제로 유용한 일을 위해 사용하기를 원했다. 사적 경제가 생산하는 부(富)라는 측면에서 금욕은 부정의(不正義)에 대항해서 뿐만 아니라 순전히 충동적인 탐욕에 대항해서도 싸웠다. 왜냐하면 이 충동적인 탐욕은 부자가 되려고 부를 획득하는 것을 최종 목적으로 하는 '탐욕스러움', '황금만능주의'등으로 부를 획득하려는 이와 같은 노력은 저주를 받았기 때문이다."

4. 작품의 시대적 의의

『프로테스탄티즘의 윤리와 자본주의 정신』은 내용을 이해하기가 결코 쉽지 않다. 또한 자세히 읽지 않으면 베버가 무엇을 주장하려는지 그 핵심을 파악하기도 쉽지가 않다. 이 책에 등장하는 많은 기독교 종파들, 예를 들어 루터파, 칼뱅주의, 청교도주의, 퀘이커, 감리교, 침례교 등에 대한 선이해가 없이는 책의 내용을 파악하기가 어렵다. 루터나 칼뱅 그리고 종교개혁, 자본주의 등에 대한 지식도 갖추어져 있어야만 책의 내용을 제대로 이해할 수 있을 것이다.

자본주의라고 하면, 그것이 어떤 형태의 자본주의이건 간에 이윤추구를 제1 목적으로 삼는다는 데에 모두 동의할 것이다. 한마디로 말해서 자본주의 경제체제를 따른다는 것은 잘살기 위함인데, 베버는 여기에다 '어떻게 사는 것이 잘사는 것인가?', '무엇을 위해서 살아야 하는가?' 라는 질문을 던지고 답을 한다고 할 수 있다.

그렇기 때문에 베버가 이 책에서 주장하고 있는 내용은 돈과 탐욕만을 일삼는 현대 자본주의자들에게 경종을 울리는 셈이다. 오로지 이윤 그 자체만을 목적으로 하는 상업과 금융업이라면, 베버의 견해에 따르면, 그것은 천민자본주의에 불과할 뿐이다. 자본주의가 이러한 방향으로 흘러가지 않으려면 노동과 금욕 그리고 보편적 복지의 중요성을 알아야만 한다. 베버는 이에 대한 토대를 프로테스탄티즘의 윤리에서 찾고, 그렇게 될 때 경제도 사회도 합리적으로 발전하게 된다고 주장한다.

이 '합리성'이라는 개념은 종교개혁 이전 시대에 대한 '탈마법화'(탈주술화)로부터 출발한다. 엄밀하게 말해서 베버가 말하는 합리적 인간이란 결국 냉정하고 마치 기계적인, 그래서 아무런 감정도 갖지 않는 삭막한 삶을 살아가는 인간이 될 가능성도 크다. 왜냐하면 그가 일상의 쾌락이나 향락 또는 사치를 멀리하라고 주장하는 것이 사람들에게 축제나 놀이(re-creation)마저도 부정하게 하여 가슴속의 열정마저도 식어버리게 할 가능성이 무척 크기 때문이다.

하지만 위에서도 말했듯이, 이와 반대로 오늘날의 황금만능주의와 '돈'을 최고의 가치로 숭배하는 경제활동에는 강력한 경고의 메시지임에는 분명하다. 그렇기 때문에 베버가 이 책을 쓴지는 100년이 넘었지만, 오히려 오늘날 현대인들이 더 읽고 실천해야 할 가치를 지닌 책이라고 할 수 있다.

5. 막스 베버 연보

1864년 4월 21일, 독일 중부의 작은 도시 에어푸르트(Erfurt)에서 8남매 중 장남으로 태어남.

1882년 베를린에서 고등학교(Gymnasium)를 졸업하고 하이델베르크와 괴팅엔 그리고 베를린 대학교에서 법학을 제1 전공으로 하고 국민경제학, 철학, 역사학을 공부함.

1883-84년 1년 동안 병역의무를 마침.

1889년 골드슈미트(Goldschmidt) 교수의 지도로 『중세 상법 사회의 역사에 대하여』(Zur Geschichte der Handelsgesellschaften im Mittelalter)라는 논문으로 베를린 대학교에서 법학 박사 학위를 받음.

1892년 교수자격취득 논문으로 『공법과 사법의 의미에서 본 로마 농업사』(Die römische Agrargeschichte in ihrer Bedeutung für das Staats- und Privatrecht)를 발표함. 베를린 대학교에서 골드슈미트 교수를 대신하여 상법 강의를 시작함.

1893년 마리안네(Marianne)와 결혼함.

1894년 프라이부르크 대학교의 경제학 교수로 취임.

1896년 하이델베르크 대학교 경제학 교수로 초빙되어 이론경제학, 실천경제학, 노동문제 등을 강의함.

1898년 질병으로 대학으로부터 휴가를 얻음.

1903년 평소의 신경질환이 악화하여 교수직 사임.

1904년 에드가 야페(E. Jaffé), 베르너 좀바르트(W. Sombart)와 함께 『사회과학 및 사회정책 잡지』(Archiv für Sozialwissenschaften und Sozialpolitik)의 편집을 맡아서 대중적 활동을 시작함.

1904-05년 2회에 걸쳐 논문 『프로테스탄티즘의 윤리와 자본주의 정신』(Die protestantische Ethik und der Geist des Kapitalismus)을 『사회과학 및 사회정책』지에 발표함.

1909년 골드샤이트(R. Goldscheid), 퇴니스(F. Tönnies)와 함께 독일 사회학회(Die Deutsche Gesellschaft für Soziologie)를 설립하여 활동을 시작함. 1913년에 탈퇴함.

1918년 오스트리아 빈 대학교 초빙으로 한 학기 강의.

1919년 뮌헨 대학교에서 국민경제학 교수로 초빙되어 사회학 및 사회경제사 강의.
'바이에른 과학아카데미'(Die Bayerische Akademie der Wissenschaften)의 정회원으로 활동함
'직업으로서의 정치'(Politik als Beruf) 강연.

1920년 스페인 독감이 폐렴으로 진행되어 6월 14일 56세를 일기로 세상을 떠남. (하이델베르크에 묻힘)

1920-21년 부인 마리안네 베버의 편찬으로 『종교사회학 논문집』(Gesammelte Aufsätze zur Religionssoziologie) (3권) 출간. (『프로테스탄티즘의 윤리와 자본주의 정신』은 이 3권 가운데 1권에 있음)